Inhaltsverzeichnis

Inhaltsverzeichnis

1

Bedarfs- und bedürfnisorientierte Beikost:

Deine Denkweise ist entscheidend

Die babygeleitete Beikosteinführung

Bei der babygeleiteten Beikosteinführung kann dein Kind , neben dem Weiterstillen nach Bedarf, in einem gesunden Rahmen selbst entscheiden wann, ob überhaupt, wie viel und was es essen möchte.

Wichtig ist dabei vor allem:.

Gib deinem Baby Zeit das Essen in seinem eigenen Tempo zu lernen.

Respektiere die Entscheidung deines Babys was es essen möchte und auch wie viel (in einem für dein Baby gesunden Rahmen) und wie es isst.

Gib die Kontrolle an dein Baby ab.

Versuche auch in für dich stressigen Situationen nicht die Führung zu übernehmen - kein erzwungenes füttern, keine Belohnungen, kein Ablenken und kein "noch ein Löffelchen für Mama".

Selbstbestimmtes Essen sorgt von Anfang an für positive Erfahrungen, die die lebenslange Einstellung deines Kindes zum Essen beeinflussen.

Macht Sinn oder? Lies es am Besten gleich nochmal, Schreib es auf oder Druck es aus und hänge den Text an deine Kühlschranktür oder lege ihn auf den Esstisch.
Nutze diese paar Sätze wie ein Mantra.

Du hast gerade stundenlang mit viel Liebe ein leckeres Essen gekocht und dein Baby will es einfach nicht essen? Lies es nochmal!
Du bist frustriert, weil die Hälfte der Mahlzeit auf dem Boden gelandet ist? Lies es nochmal!
Veränderte deine anerzogene Einstellung - dein Mindset - und lass los. Auch wenn das bedeutet, dass euer Beikostweg nicht immer so läuft wie geplant.

Deine Aufgabe

Keine Sorge, auch wenn du den Weg der babygeleiteten Beikost einschlägst, spielt du dennoch eine wichtige Rolle. Denn nur babygeleitet macht noch keine bedarfs- und bedürfnisorientierte Beikost - da gehört ein bisschen mehr dazu, als nur sein Baby alleine essen zu lassen.

Deine Aufgabe ist es, regelmäßig nahrhafte, frische und altersgerechte Mahlzeiten anzubieten und ja eventuell auch die Ernährung der gesamten Familie zu überdenken.

Hilf deinem Kind, wenn es das möchte. Es ist absoluter Quatsch ein Baby vor Lebensmitteln sitzen zu lassen, die es einfach ohne Hilfe noch nicht essen kann. Genauso ist es Unsinn, diese Lebensmittel erst anzubieten, wenn das Kind sie problemlos selbst essen kann - und dieses Vorgehen geht auch komplett am Bedarf des Kindes vorbei.

Sei immer präsent und aufmerksam, lass dein Kind niemals beim Essen alleine.

Und vor allem: Sei ein Vorbild für dein Baby Alles was du tust, schaut sich dein Baby bei dir ab. Und es lernt dadurch den Umgang mit dem Essen. Versuche nicht im Gehen zwischen Tür und angel zu essen. Nehmt euch Zeit und genießt die gemeinsamen Familienmahlzeiten.

Was unterscheidet die bedarfs- und bedürfnisorientierte Beikost von der "traditionellen" Beikosteinführung?

Die babygeleitete bedarfs- und bedürfnisorientierte Beikosteinführung ist wohl das genaue Gegenteil von dem, wie die meisten Eltern der letzten Generationen die Beikost angegangen sind.

Der Trend ging eher in die Richtung des bequemen Fütterns mit massenproduzierten Breigläschen , während das Baby mit Flugzeugen abgelenkt und mit Spielen zum Weiteressen animiert wird. Je mehr das Kind isst, desto besser, je dicker das Kind, desto gesünder...

Würde es nur um Füttern oder nicht füttern oder um die Konsistenz gehen, wäre das Ganze kein Problem. Doch mit dieser Art der Beikosteinführung wird den Kindern die Möglichkeit genommen eine gesunde Beziehung zum Essen aufzubauen und sie birgt zudem einige gesundheitliche Risiken.

Der "traditionelle" Weg

Vor allem in den letzten etwa 40 Jahren sah die Beikosteinführung in etwa so aus: Ab etwa 8 Wochen gab man Karottensaft oder Schmelzflocken mit in die weit verbreitete Babyflasche. Ab etwa 4 Monaten (manchmal sogar schon ab 3 Monaten) startete man mit der Fütterung von Babybrei. Ziel war es, so schnell wie möglich so viele Milchmahlzeiten wie möglich zu ersetzen.

Man glaubte nicht nur, dass die Beikosteinführung in diesem alter sicher ist, sondern auch, dass möglichst volle Bäuche zu längerem, besserem und tieferen Schlaf führen würden.

Nach und nach werden dann weitere Lebensmittel zum glatt pürierten Babybrei hinzugefügt. Und im Laufe der Zeit entwickelt sich der Einheitsbrei zunächst in Brei mit feinen Stückchen, dann in Brei mit großen Stückchen, bis hin zu Reis und kleinen Nudeln im Essen. Bis dann irgendwann zusätzlich zum Babybrei noch Fingerfood angeboten wird

Dies geht oft mit einem rätselhaften Zeitplan einher, welche Lebensmittel wann eingeführt werden dürfen - Tomaten erst mit einem Jahr, Erdbeeren mit 9 Monaten,.... um Verdauungsproblemen, Allergien und Überempfindlichkeiten vorzubeugen.

Die Nachteile der "traditionellen" Beikosteinführung

Doch diese Art der Beikosteinführung hat leider einen ganzen Haufen Nachteile:

Untersuchungen des British Medical Journal, zeigen, dass Babys, die mit Brei gefüttert werden eher süße Lebensmittel bevorzugen und im Vergleich zu Babys, die von Anfang an selbst essen dürfen, öfter übergewichtig sind.

Studien zeigten auch, dass das Herauszögern neuer Lebensmittel (gerade allergene werden sogar oft erst ab einem Jahr empfohlen), die Wahrscheinlichkeit für Allergien sogar erhöht. (Sollten Lebensmittelallergien in der Familie bestehen, solltest du dich zur Sicherheit an eine ausgebildete IBCLC oder Fachkraft für Säuglings- und Kinderernährung und deinen Arzt wenden, die bei Bedarf einen geeigneten Plan mit dir erstellen können.)

Im Laden gekaufte Babynahrung hat nachweislich mit Abstand weniger Nährstoffe als selbst gekochtes Essen. Industriell verarbeitete Lebensmittel müssen mit sehr hohen Temperaturen gekocht werden, um Bakterien abzutöten und die Lebensmittel länger haltbar zu machen (teils mehrere Jahre) wodurch viele Nährstoffe und Vitamine zerstört werden und nicht zuletzt auch der Geschmack darunter leidet

Eine Studie untersuchte alle gängigen Babybreimarken, darunter auch Hipp Bio und fand heraus, dass die im Laden gekauften Babylebensmittel nur halb so nahrhaft sind, wie frisch gekochtes Essen.

Viele im Handel erhältlichen Babybreie und Kinderlebensmittel enthalten viel zu viel Zucker und Schadstoffe. Dinge die ein Baby nicht nur nicht braucht, sondern die ein Kind durchaus auch krank machen können.

Der Mythos "voller Bauch, schlafendes Baby" hält sich hartnäckig, ist aber dennoch nur ein Mythos. Es kann zwar durchaus sein, dass ein vollgestopftes Baby länger schläft, dieser Schlaf ist aber weder erholsam, noch gesund, sondern liegt schlicht an einer Überfütterung. Das einzige, was nachweislich Auswirkungen auf das Durchschlafen hat, ist das Alter und die daraus resultierende Hirnentwicklung. Mit etwa 5 Jahren schlafen fast alle Kinder durch.

Eine verzögerte Einführung von fester Nahrung hat keine Vorteile für ein Baby und die verzögerte Einführung verschiedener Texturen, wie es beim Babybrei der Fall ist, wirken sich negativ auf die Akzeptanz verschiedener Lebensmittel im weiteren Leben aus.

Wenn Babys nach Bedarf gestillt werden, nehmen sie sich was sie brauchen. So ist es, auch wenn sie feste Kost bekommen, bei der sie selbst entscheiden können, ob und wie viel sie essen. Wenn man Brei füttert, bestimmen sie nicht mehr selbst, wie viel sie brauchen. Sondern der, der füttert. Auch wenn derjenige der füttert Rücksicht auf das Kind nimmt, isst das Kind zu viel. Das liegt schlicht an der Konsistenz. Die Mengen an Obst und Gemüse, die wir in Breiform zu uns nehmen können, könnten wir in fester Form niemals auf einmal essen. Das ist auch bei uns Erwachsenen so. Was bei uns, mit den richtigen Zutaten durchaus gut sein kann, weil wir z.B. mit einem grünen Smoothie viele Nährstoffe mit einem Glas aufnehmen können, ist für Babys nicht gut. Denn der unreife Darm kann diese Menge gar nicht verarbeiten.

Die Mundmotorik wird nicht gefördert. Die Kinder lernen mit dem Brei umzugehen, das Kauen wird überflüssig und erst später gelernt. Kinder verschlucken sich an fester Kost genau so oft, wenn sie erst mit Brei gefüttert wurden wie wenn sie von Anfang an feste Kost bekommen. Dies kann auch das Trinkverhalten und die Sprachentwicklung beeinflussen.

Bei Breigabe fehlt der wichtige erste Verdauungsschritt. Kauen erzeugt Speichel, Lebensmittel müssen eingespeichelt werden damit die Amylase diese zersetzen kann und die Verdauung einwandfrei funktioniert. Dies ist beim Vorkauen der Nahrung durch die Eltern, wie es in manchen traditionellen Gesellschaften gemacht wurde und heute teilweise noch wird gegeben, nicht aber, wenn das Essen püriert wird. Der Speichel der dabei im Mund ist und sich mit dem Brei vermengt ist dafür nicht ausreichend. Dafür muss die Nahrung gekaut werden.

Die Vorteile der bedarfs- und bedürfnisorientierten Beikost

Weniger Stress für dich und dein Baby - Kein zusätzliches Dämpfen und Pürieren zu dem normalen Familienessen, auch kein Vorkochen, Einfrieren und Aufwärmen. Kein Füttern, kein hoffen, das Baby isst doch noch ein Löffelchen und keine Spielchen um noch ein wenig Brei ins Kind zu bekommen - das belastet ohnehin nicht nur den Magen deines Babys, sondern auch deine Geduld und Nerven. Du kannst dich ganz einfach darauf konzentrieren für die ganze Familie zu kochen und dein Essen genießen und dein Baby konzentriert sich darauf das Essen zu entdecken.

Es respektiert die Fähigkeiten und Bedürfnisse des Kindes - Wenn du deinem Kind die Autonomie gibst selbst zu entscheiden, wann es hungrig ist, wie viel es essen will und wann es satt ist, respektierst du seine Entscheidungsfreiheit. Denn trotz, dass unsere Kleinen erst so kurz bei uns sind, haben sie durchaus genug Wissen und Instinkt um ihre Bedürfnisse zu kennen und uns diese auch zu zeigen. Ein Baby zu einem weiteren Bissen zu überreden, ist nicht nur für die Eltern anstrengend, sondern missachtet diese natürlichen Bedürfnisse und Instinkte, bis das Kind verlernt auf sein Gefühl zu vertrauen.

Die Sinne kennenzulernen macht Spaß - Alle Geschmacksrichtungen, Texturen, Gerüche und das Aussehen von Lebensmitteln kann dein Baby mit seinen Händen, der Zunge, seinen Zähnen oder zahnlosen Kauleisten erkunden. Oder auch mit dem ganzen Gesicht, den Haaren und den Zehen☺ Das wirkt sich nicht nur positiv auf die sensorische Entwicklung aus, sondern macht dein Kind schnell und spielerisch mit einer Vielzahl an Lebensmitteln mit all ihren Formen vertraut.

Entwicklung eines vielfältigen Geschmacks - Die Einführung vieler verschiedener Geschmacksrichtungen kann deinem Kind zu lebenslanger Gesundheit verhelfen, auch wenn die meisten Kinder dennoch irgendwann eine sehr pingelige Phase haben werden, das lässt sich evolutionär nicht vermeiden. Aber die meisten kehren ihr Leben lang immer wieder zu den Lebensmitteln und Geschmäckern zurück, die sie von Anfang an kennen. Angesichts der Tatsache, dass die meisten verarbeiteten Baby- und Kleinkindartikel aus Supermarktregalen zu viele Kalorien, Zucker und Salz enthalten, brauchen wir uns nicht über die Essgewohnheiten der meisten Erwachsenen zu wundern.

Fokus auf gemeinsame Mahlzeiten - Wenn sich dein Baby von Anfang an, dem Familienessen anschließen kann, lernt es, dass die Familienmahlzeiten eine gute Möglichkeit für soziale Bindung ist, eine weitere wichtige und gesunde Sache die dein Kind erlernen muss. Auch fällt es deinem Baby so leichter, sich an den Familienmitgliedern zu orientieren: Essensauswahl, Gespräche, Traditionen,...

Bekämpfung von Übergewicht bei Kindern - Übergewicht, sogar Fettleibigkeit bei Kindern ist ein wichtiges Thema. Wusstest du, dass etwa 15 % der 2 bis 12-Jährigen als fettleibig gelten? In den USA werden sogar 300.000 Todesfälle pro Jahr durch Fettleibigkeit bei Kindern verzeichnet. Studien haben gezeigt, dass eine bedarfs- und bedürfnisorientierte Beikosteinführung zu schlankeren Kindern führt. Wenn Kinder von Anfang an eine gesunde Ernährung herangeführt werden, haben sie einen lebenslangen Vorteil. Und wenn sie selbst entscheiden können was und wann und wie viel sie essen, wann sie hunger haben und wann sie satt sind können sie ihr angeborenes natürliches Hunger- und Sättigungsgefühl ein Leben lang beibehalten.

Die Nachteile der bedarfs- und bedürfnisorientierten Beikost

Jetzt lasst uns ehrlich sein. Auch die bedarfs- und bedürfnisorientierte Beikosteinführung hat nicht nur Vorteile. Sie hat auch einige Nachteile, die nicht selten dazu führen, dass sich Eltern letztendlich für gängige Breifütterung entscheiden.

Bequemlichkeit - Ganz klar wird es einfacher sein, wenn du einfach ein paar Gläschen aus dem Supermarkt holst, denn selbstgemachtes Essen spart zwar Geld aber keine Zeit. Deine Rettung sind einfache und schnelle Gerichte für die ganze Familie und einfach vorzubereitende Snacks, die du einfrieren kannst und bei Bedarf nur auftauen musst.

Chaos - Egal für welche Art der Beikosteinführung du dich entscheidest, es wird Chaos geben! Die babygeleitete Art ist dabei aber etwas ganz besonderes. Egal wofür du dich entscheidest, Ich empfehle dir die Wand und die Decke in der Nähe des Esstischs erst in ein oder zwei Jahren zu streichen. Wenn dein Baby selbst essen darf, wirst du dich wundern, wo du überall essen finden wirst: in den Haaren, auf dem Boden oder auch zwischen den Zehen. Aber das ist nicht schlimmer als Karotten- und Spinatbrei an der Decke.

Lebensmittelverschwendung - Man könnte argumentieren, dass der bedarfs- und bedürfnisorientierte Weg zu mehr Lebensmittelverschwendung führt als Brei zu füttern. Wenn du deinem Baby die Kontrolle über das Essen gibst, wird unweigerlich ein Teil auf dem Boden landen, ein Teil wird zermatscht werden und ein anderer Teil bleibt einfach liegen. Der Schlüssel ist: Biete deinem Baby nicht zu viel auf einmal an!

Der Teller muss nicht bis zum Rand gefüllt sein. Lege von jedem Teil des Essens immer nur ein Stück hin, ist dieses Stück gegessen kannst du das nächste hinlegen, falls dein Kind davon noch was möchte, statt das was noch da liegt. Bei einem zusammen gemischten Essen wie Nudeln mit Soße reichen 2 Löffel aus, will dein Kind mehr, bekommt es einen Nachschlag.

Vertrauen - Babygeleitete Beikost benötigt sehr viel Gelassenheit. Diese zu behalten ist aber sehr schwer, wenn einen Fragen, wie: "Was ist, wenn nicht im Magen landet?" "Warum isst mein Kind nur noch rote Lebensmittel?" oder "Aber er mochte doch immer Avocado..." quälen. Denke langfristig, nicht Tag für Tag! Es ist egal, ob dein Kind heute essen mag was es gibt, auf Dauer wird sein Verhältnis zum Essen dank einer selbstbestimmten Beikosteinführung viel entspannter und offener sein. Dein Vertrauen in dein Kind und seine Fähigkeiten wird geprüft, vertraue und du wirst mit einem gesunden und glücklichen kleinen Gourmet belohnt.

2

Wann ist dein Baby bereit für den Beikoststart?

Die Beikostreife

Es herrscht große Verwirrung über den richtigen Zeitpunkt der Beikosteinführung. Wie im vorherigen Kapitel schon erwähnt, neigen Eltern aus Industrieländern dazu, bereits mit 4 Monaten mit der Beikost zu starten. Baby Led Weaning Anhänger predigen meist etwas von 6 Monaten. Als Eltern wissen wir alle, dass der Entwicklungssprung zwischen einem 4 Monate alten Kind und einem 6 Monat alten Kind riesig ist.

Die meisten werden sich mit etwa 3 bis 4 Monaten Gedanken über die erste Beikost machen, denn so wird es ja auch überall kommuniziert: die (völlig veraltete)n Breifahrpläne sehen Brei ab 4 Monaten vor, die offiziellen deutschen Empfehlungen sprechen von 4 bis 6 Monaten (da haben wir schon dieses Fenster und es suggeriert, lieber früher, als zu spät, oder?), die eigenen Eltern erzählen einem nicht selten, dass Brei ab 4 Monaten sein muss und auch Kinderärzte und Hebammen kennen es meist leider nicht anders.

Wir wissen allerdings schon sehr lange, dass der Darm unter 6 Monaten noch gar nicht reif genug für etwas anderes als Muttermilch ist und zu frühe Beikost deinem Kind nur schaden würde.

Hier ein paar Empfehlungen führender offizieller Stellen auf Grundlage der aktuellen Forschung:

In den Richtlinien der WHO (Weltgesundheitsorganisation) zur Säuglingsernährung heißt es: "Als globale Empfehlung für die öffentliche Gesundheit sollten Säuglinge, um ein optimales Wachstum, eine optimale Gesundheit und eine optimale Entwicklung zu gewährleisten, für die ersten 6 Monate (180 Tage) ausschließlich gestillt werden . Danach sollten Säuglinge ernährungsphysiologisch angemessene und sichere Lebensmittel erhalten. Gleichzeitig sollte bis zum Alter von 2 Jahren weiter gestillt werden, oder darüber hinaus so lange Mutter und Kind es wünschen."

Das UK Department of Health und der National Health Service empfehlen ausschließliches Stillen für 6 Monate. Zusätzlich unter Berücksichtigung der Beikostreife.

The American Academy of Pediatrics empfiehlt ausschließliches Stillen für 6 Monate und das Weiterstillen unter Einführung geeigneter Beikost im ersten Lebensjahr.

Das Australian government's National Health and Medical Research Council rät zum ausschließlichen Stillen für mindestens 6 Monate und dem Weiterstillen unter Einführung geeigneter Beikost so lange Mutter und Kind es wünschen.

Health Canada empfiehlt ausschließliches Stillen für 6 Monate und weiter stillen unter Einführung geeigneter Beikost bis zum alter von 2 Jahren und darüber hinaus.

Die UNICEF rät zu ausschließlichem Stillen für 6 Monate.

**Das natürliche Abstillalter eines Menschenkindes liegt sogar bei 2 bis 7
Jahren, wobei sich die meisten Kinder mit etwa 4 Jahren selbst
abstillen.**

Zusätzlich ist es aber auch wichtig unbedingt auf die Beikostreifezeichen zu achten. Warum? Weil wir das wichtigste Reifezeichen, die Darmreife, nun mal leider nicht sehen können. Nur wenn dein Kind 6 Monate alt ist UND zusätzlich alle Beikostreifezeichen erfüllt, ist die größtmögliche Sicherheit gegeben, dass auch der Darm die nötige Reife erreicht hat.

Die Beikostreifezeichen

Um zu wissen, ob dein Kind auch wirklich alle Beikostreifezeichen erfüllt, stelle dir am Besten folgende Fragen:

Kann dein Baby seinen Kopf ohne Unterstützung aufrecht halten?
Die Kopfkontrolle ist wichtig um selbst essen zu können und richtig kauen und schlucken zu können

Kann dein Kind selbstständig oder mit minimaler Unterstützung aufrecht sitzen?
Wenn dein Baby selbst essen darf, muss es ohnehin sitzen können, um sich die Lebensmittel selbst zu nehmen, aber bitte füttere dein Baby auch niemals im Liegen oder Halb liegend, das kann lebensgefährlich sein Auch richtig schlucken kann dein Kind nur, wenn es aufrecht sitzt.

Kann dein Kind Nahrung selbstständig greifen und zum Mund führen?
Diese Fähigkeit ist natürlich unbedingt nötig, damit dein Kind auch selbstständig essen kann.

Ist der Zungenstoßreflex, der Nahrung wieder aus dem Mund schiebt vollständig verschwunden?
Der sogenannte Zungenstoßreflex ist ein Schutzreflex, der Säuglinge vor Fremdkörpern und eben auch Nahrung die sein Körper nicht vertragen würde, schützt. Beim Stillen und auch bei der Flasche wird dieser Schutzreflex durch den Saugreflex, der durch die Berührung der Brustwarze am Gaumen ausgelöst wird, auf natürliche Art ausgeschaltet. Bitte vermeide es unbedingt, an diesem Reflex vorbei zu kommen indem du dein Kind dazu animierst den Mund möglichst weit zu öffnen, um ihm den Löffel in den Mund zu schieben.

Zeigt dein Kind echtes Interesse am Essen?
Das heißt wirklich am Essen. Macht es Kaubewegungen, will es das Essen wirklich haben zum Essen oder würde sich dein Kind auch eine alte Schuhsohle in den Mund schieben, wenn du das vormachen würdest?

Wenn die Antwort auf **ALLE** der oben genannten Fragen **JA** ist und dein Kind mindestens 6 Monate alt ist, dann ist dein Kind höchstwahrscheinlich bereit für die erste Beikost. Biete ihm dann einfach etwas an und schau was passiert.

Die meisten Kinder erfüllen all diese Dinge mit etwa 6 Monaten, andere erst mit 9 Monaten, das ist normal und ok. Vertrau deinem Kind. Nur wenn dein Baby mit etwa 9 Monaten noch gar kein Interesse für Beikost zeigt, sollte der Eisenwert (Ferritinwert) gecheckt werden. Gar kein Interesse heißt wirklich gar kein Interesse. Dein Baby hat dann also noch nicht mal an essen geleckt, sondern will wirklich gar nichts probieren.

Du musst keine Angst haben, dass du die Gelegenheit verpassen könntest Beikost einzuführen und dein Kind nie richtig essen wird, wenn ihr zu spät anfängt. Das ist Quatsch . Aber dennoch ist dieses "Fenster der Gelegenheit" nicht ganz falsch. Das bezieht sich weniger auf den Beikoststart an sich, sondern auf die Einführung verschiedener Lebensmittel.

Viele Studien zeigen, dass eine möglichst breite Lebensmittelauswahl und Geschmackspalette von der ersten Beikost an, den Geschmack und die Vorlieben das ganze Leben nachhaltig beeinflussen können. Das Zeitspanne, in der ein Kind bereitwillig alles probiert ist kurz. Dann setzt das typische Alter ein, in dem Kinder tatsächlich viel ablehnen. Aber wenn sie alles schon vorher kannten, werden sie auch zu diesen Lebensmitteln zurück kehren.

Falsche Beikostreifezeichen

Lass dich nicht durch bestimmte Verhaltensweisen deines Babys oder Stimmen von Außen verunsichern und dazu verleiten zu früh mit der Beikost zu starten. Folgende Punkte sind **KEINE** Anzeichen dafür, dass dein Baby beikostreif ist:

Dein Baby kaut auf seiner Faust oder einem Spielzeug herum
Dieses Verhalten tritt oft mit etwa 4 Monaten auf und liegt zum einen oft am Zahnen und der damit verbundenen Erleichterung und gehört zum anderen zur ganz normalen Entwicklung dazu. Die orale Phase ist völlig normal und zeigt nur, dass dein Kind die Welt entdeckt.

Nächtliches Aufwachen
Die Wahrheit ist, dass die wenigsten Babys nachts durchschlafen. Sie sind einfach nicht dafür gemacht. Ihre Schlafmuster unterscheiden sich von denen eines Erwachsenen. Sie schlafen leichter und oberflächlicher und wachen häufig auf. Zum einen schützt das häufige aufwachen vor dem plötzlichen Kindstod (SIDS), zum anderen brauchen Kinder in Phasen der (Hirn)Entwicklung enorme Mengen an Energie und Nährstoffen. Um diese zu bekommen sind sie auf eine kontinuierliche Nahrungsaufnahme in Form von Muttermilch angewiesen. Das wird sich auch nicht ändern, wenn das Kind bereits Beikost bekommt, sondern erst, wenn die Hirnreife dies zulässt. Und dann kommt es auch immer wieder vor, dass unsere Kleinen einfach nur sicher gehen wollen, dass wir noch da sind und ganz schnell wieder friedlich einschlafen, sobald wir neben ihnen liegen. Die meisten Kinder schlafen mit etwa 5 Jahren durch, egal wann sie Beikost bekommen haben und in welcher Form.

Größe und Gewicht deines Babys

So viele Eltern sind verunsichert, was die Größe und das Gewicht ihres Kindes angeht. Kinderärzte und Hebammen tragen nicht selten dazu bei, indem sie die Percentilenkurven als festes Soll darstellen. Schmale Kinder sollen demnach gemästet werden, um auf eine höhere Kurve zu kommen, schwere Kinder bräuchten mehr Energie als die Muttermilch liefern kann. Beides ist nicht wahr.

Die Hälfte aller gesunder Kinder liegt über der 50er Perzentile während die andere Hälfte darunter liegt, Und ein Kind, das auf der 3er Perzentile liegt, ist nicht zu dünn und ein Kind, das auf der 97er Perzentile liegt, ist nicht zu dick. Beide Kinder und auch alle anderen dazwischen sind völlig normal. Viel wichtiger ist, wie sich die Kurve entwickelt. Und dabei wäre es genauso ungesund, wenn die Kurve stark nach oben gehen würde wie wen sie stark abfällt. Die Perzentile auf der dein Kind sich nach der Geburt einpendelt, (das muss nicht die Kurve sein auf der es mit dem Geburtsgewicht lag) ist seine Kurve. Und an dieser sollte dein Kind relativ parallel entlang zunehmen. Aber auch das wird nicht immer genau sein. Mal geht die Kurve etwas hoch, mal etwas runter, Das ist ok, solange sie im Gesamtbild nah an der Ausgangskurve bleibt

.Das Wachstum deines Kindes ist genauso einzigartig wie dein Kind selbst und eine Kurve ist nur eine Kurve! Lass dich nicht verrückt machen und hole dir immer eine zweite Meinung, wenn ein Kinderarzt zu dir sagt, dein Kind muss wegen der Perzentile zugefüttert werden, bräuchte dringend Beikost.

Dazu kommt, dass die Größe und das Gewicht keinen Bezug zur Darmreife oder den motorischen Fähigkeiten eines Babys haben, die echte Anzeichen für die Beikostreife sind.

Häufigere oder längere Stillmahlzeiten
Sind kein Anzeichen dafür, dass die Milch nicht mehr ausreichen würde.
Beikostmahlzeiten sollen die Muttermilch ergänzen, in den ersten ein bis
zwei Monaten macht das kaum mehr als ein paar Löffelchen am Tag aus
und im ersten Lebensjahr sollte Muttermilch immer noch
Hauptnahrungsmittel bleiben. Das heißt, dass der Energiebedarf mit
einem Jahr noch zu 51 % aus Muttermilch stammen sollte. Zudem würde
keiner auf die Idee kommen zu sagen, dass die Beikost nicht reicht,
sondern einfach mehr geben. Genauso ist es mit dem Stillen. Reicht die
Milch nicht? Dann muss halt mehr gestillt werden. Deine Brust produziert
nach Bedarf, immer so viel wie dein Baby braucht.

**Dein Kind wird noch sein ganzes Leben lang feste
Nahrung zu sich nehmen und schneller groß sein, als
du denkst. Lass ihm dabei bitte die Zeit, die es braucht.**

Die allermeisten Kinder erfüllen zwischen 6 und 9 Monaten alle
Beikostreifezeichen. Mit etwa einem Jahr ist eine Phase enormer
Hirnentwicklung. Wodurch viele Kinder, selbst die, die schon viel Beikost
gegessen haben, oft wieder fast voll stillen.

3

Die wichtigsten Nährstoffe zum Beikoststart

Nährstoffbedarf und die wichtigsten Nährstoffe im Überblick

Ein Baby das mindestens 6 Monate alt ist und alle Beikostreifezeichen erfüllt braucht mehr Energie und mehr Nährstoffe. Das geschieht nicht über Nacht, sondern der Bedarf steigt im Laufe des zweiten Halbjahres langsam an. Die Einführung der Beikost ergänzt die Muttermilch und hilft den Nährstoff- und Energiebedarf zu decken, die dein Kind für eine optimale (Hirn)Entwicklung braucht.

Muttermilch sollte im ersten Lebensjahr Hauptnahrungsmittel bleiben. Allerdings sind Kinder sehr unterschiedlich. Während die einen schon mit 6 Monaten Anfangen und mit 8 Monaten bereits vollwertige Mahlzeiten essen, fangen andere erst mit 8 oder 9 Monaten an und essen erst mit 15 Monaten eine vollwertige Mahlzeit.

Oft haben Eltern Angst vor einem Nährstoffmangel, vor allem die Angst vor einem Eisenmangel ist weit verbreitet, wenn das Kind nicht so viel essen will, wie die Eltern sich das vorgestellt hatten. In den meisten Fällen ist die Angst unbegründet. Wir neigen dazu nicht zu sehen, wie viel unsere Kinder tatsächlich essen, vor allem wenn mehrmals am Tag immer nur mal ein kleiner Bissen von etwas probiert wird. In der Regel reicht das aber vollkommen aus und die Kalorien und Nährstoffe, die so aufgenommen werden, sind meist gar nicht so gering wie gedacht. Da hilft es oft, wenn man einfach mal einen Tag lang jeden kleinen Bissen des Kindes aufschreibt, nicht selten sieht man dann, dass die gegessenen Mengen doch ganz ordentlich sind. Nur wenn ein Kind mit 8 bis 9 Monaten wirklich noch keinerlei Interesse an Beikost zeigt, sollte ein eventueller Mangel durch eine Blutabnahme beim Arzt geklärt werden. Die meisten Kinder ersetzten mit etwa 15 Monaten die erste Milchmahlzeit komplett durch feste Nahrung.

Vitamine und Nährstoffe

Nährstoff- und Kalorientabellen orientieren sich grundsätzlich am durchschnittlichen Höchstbedarf. Außerdem ist meistens noch eine "Sicherheitszone" nach oben eingerechnet. Deswegen handelt es sich nicht um genaue Richtwerte. Es ist völlig normal, wenn dein Kind einen geringeren Nährstoffbedarf hat. Zur Orientierung ist es allerdings dennoch wichtig ein paar Werte zu kennen.

Bedenke, solange du noch stillst muss dein Kind die Nährstoffe nicht komplett aus der festen Nahrung aufnehmen.

Eisen

Warum ist Eisen wichtig?

Eisen spielt eine Rolle bei der Blutbildung bzw. der Sauerstoffversorgung. Es wirkt wesentlich an der Gehirnentwicklung mit und ist für die Ausbildung der kognitiven und motorischen Fähigkeiten von Bedeutung. Gerade in den ersten Jahren wächst das Gehirn enorm, daher ist insbesondere in dieser Lebensphase eine ausreichende Eisenzufuhr wichtig, um eine optimale Gehirnreifung gewährleisten zu können. Ein Mangel dieses Nährstoffes in diesem kritischen Alter wird mit dem Risiko einer verminderten Merkfähigkeit, geringerer mathematischer Fähigkeiten sowie einer verminderten kognitiven Entwicklung und geistiger Behinderung in Verbindung gebracht.
Im Extremfall führt der Sauerstoffmangel zu Schäden an den Organen. Eisen ist an der Synthese von eisenabhängigen Enzymen beteiligt und unterstützt die Zellteilung. Schwäche, Müdigkeit, blasse Haut, eingerissene Mundwinkel und der Verlust der Muskelkraft sind Anzeichen für einen Eisenmangel. Auch das Haar- und Nagelwachstum kann gestört sein.

Wie viel Eisen braucht mein Kind?

Babys werden mit einem, normalerweise gut gefüllten Eisenspeicher geboren. Je natürlicher und termingerechter die Geburt war und je länger die Nabelschnur auspulsieren durfte, desto höher fällt dieser aus.

Etwa ab 6 Monaten wird dieser Speicher langsam kleiner. Zu frühgeborene Kinder haben durch die Umstände meist einen Eisenmangel, bei gesund geborenen Kindern reicht der Eisenspeicher im Normalfall problemlos 6 Monate, bei den meisten wesentlich länger.

Ein Baby zwischen 6 und 12 Monaten braucht etwa 8 mg Eisen am Tag.

In welchen Lebensmitteln ist Eisen enthalten?

Eisen muss zur besseren Aufnahme unbedingt immer mit Vitamin C aufgenommen werden, z.B. mit einem Glas frisch gepressten Orangensaft oder frischem Orangensaft aus dem Kühlregal. Weitere Vitamin C Quellen sind unter anderen: Muttermilch, Beeren, Zitrusfrüchte, Pfirsiche, Äpfel, Bananen, Spinat, Brokkoli, Kohl oder Tomaten.

Milchprodukte vermindern die Aufnahme von Eisen, daher am besten keine Milchprodukte dazu essen.

Eisenreiche Lebensmittel
Eisengehalt je 100g

Weizenkleie 15mg	Haferflocken 5mg
Kürbiskerne 12mg	Mandeln 4,2mg
Linsen 8mg	Buchweizen 3,5mg
Hirse 7mg	Spinat 2,7mg
weiße Bohnen 7mg	Rosinen 2mg
Kichererbsen 6mg	Fleisch 2mg
Tofu 5,4mg	Nüsse 2mg
Eigelb 5mg	Erbsen 2mg

Zink

Warum ist Zink wichtig?

Zink ist ein essenzielles Spurenelement und für zahlreiche Prozesse in unserem Körper unentbehrlich. So ist die Abwehrfunktion unseres Körpers vom Zinkhaushalt abhängig.
Wissenschaftliche Arbeiten weisen darauf hin, dass ein Zinkmangel Fieberkrämpfe begünstigen kann. Der Energiestoffwechsel der Nerven ist auf eine ausreichende Menge an Zink angewiesen.

Zinkmangel ist mit verstärkter Neigung zu Aggressivität und Reizbarkeit verbunden. Ein Zinkmangel äußert sich z.B. In Stimmungsschwankungen, Müdigkeit, Schwäche, Antriebslosigkeit, Konzentrationsmangel, Wundheilungsstörungen, trockene, schuppende Haut, entzündliche Hauterkrankungen wie Akne und Ekzeme. Darüber hinaus führt Zinkmangel zu geringerem Längenwachstum.

Wie viel Zink braucht mein Kind?

Ein Baby zwischen 6 und 12 Monaten benötigt 2 mg Zink am Tag.

In welchen Lebensmitteln ist Zink enthalten?

Zink sollte zur besseren Aufnahme mit Eiweiß und Vitamin C aufgenommen werden.

Zinkreiche Lebensmittel
Zinkgehalt je 100g

Austern 22mg	Vollkornprodukte 4mg
Emmentaler 6mg	Walnüsse 3mg
Sonnenblumenkerne 6mg	Garnelen 2mg
Rindfleisch 5mg	Kichererbsen 1mg

Folsäure (Folat)

Warum ist Folsäure wichtig?

Folsäure nimmt während der Wachstums- und Entwicklungsphase eine wichtige Rolle ein. Das Vitamin ist als Coenzym an zahlreichen Stoffwechselvorgängen beteiligt und ermöglicht DNA-Synthese sowie Zellteilung und damit auch Zellneubildung. Ebenso spielt Folsäure eine wichtige Rolle bei der Blutbildung.

Ein Mangel an Folsäure äußert sich primär dort, wo es hohe Zellteilungsraten gibt. Das betrifft etwa die roten und weißen Blutzellen sowie die Schleimhäute. Das ist der Grund, weshalb die ausreichende Versorgung mit Folsäure vor allem in Zeiten schnellen Wachstums, wie beispielsweise in der frühen Kindheit, besonders wichtig ist. Eine Unterversorgung mit Folsäure zeigt sich in erster Linie in Form von Müdigkeit, Appetitlosigkeit, Magen-Darm-Beschwerden und Störungen des Blutbildes.

Wie viel Folsäure braucht mein Kind?

Ein Baby zwischen 6 und 12 Monaten benötigt 80 Mikrogramm Folat am Tag.

In welchen Lebensmitteln ist Folat enthalten?

Folatreiche Lebensmittel
Folatgehalt je 100g

Kichererbsen 340µg

Spinat 145µg

Haferflocken 87µg

Ei 67µg

Erdbeeren 65µg

Paprika 60µg

Tomaten 44µg

Weintrauben 43µg

Himbeeren 30µg

Kartoffeln 20µg

Bananen 17µg

Weißbrot 15µg

Birnen 14µg

Joghurt 13µg

Ausgewogene Mahlzeiten

Eine bedarfsgerechte Energiezufuhr lässt sich am einfachsten durch Stillen erreichen. Muttermilch ist in der Regel optimal an die Bedürfnisse des Säuglings angepasst.

Dies ist der Grund, warum gestillte Kinder seltener an Übergewicht leiden als nicht gestillte.

Der tägliche Kalorienbedarf deines Kindes beträgt ab etwa einem halben Jahr ca. 600 kcal und mit einem Jahr etwa 1000-1100 kcal.

Diese sollten sich zusammensetzen aus:

50% Kohlenhydraten
43% Fett
7% Eiweiß (Proteine)

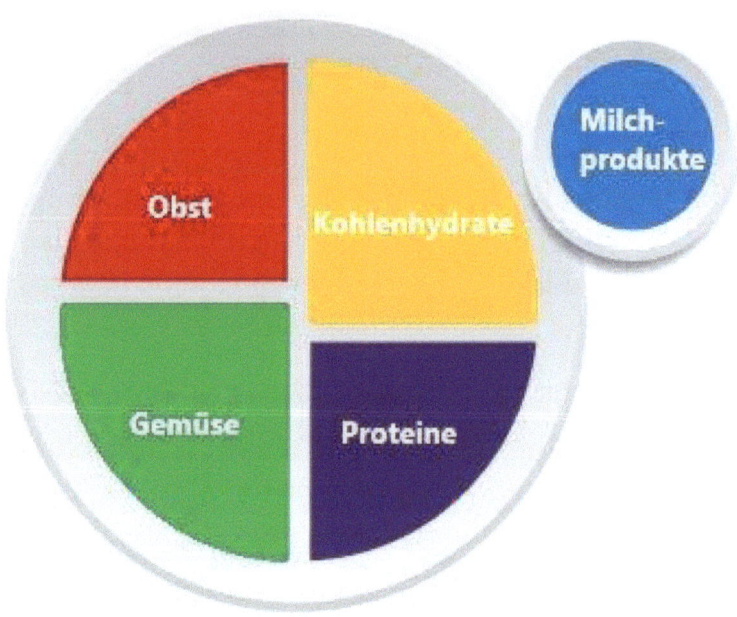

Milchprodukte wenn erwünscht im ersten Lebensjahr höchstens 200ml Kuhmilch in verarbeiteter Form (z.B. 150g Joghurt ODER 30 g Käse) Studien legen allerdings nahe, dass zumindest im ersten Lebensjahr komplett auf Milchprodukte verzichtet werden sollte.

Kohlenhydrate

Die Kohlenhydrate sollten vorwiegend in komplexer Form verzehrt werden, also in Form von Vollkornprodukten, Kartoffeln, Obst, Gemüse etc. Der Anteil der unverdaulichen Ballaststoffe erhöht sich dadurch im Laufe der Beikostzeit automatisch.

Im Zuge der Anpassung an die Ernährung des Erwachsenen sollte die Ballaststoffzufuhr bis zum Jugendalter bei 30 g pro Tag liegen.

Kohlenhydrate liefern unter anderem wichtige Energie für die Hirnentwicklung.

Ein Baby zwischen 6 und 12 Monaten benötigt etwa 75 Gramm Kohlenhydrate am Tag.

Fett

Fett ist ein wichtiger Energielieferant und ein Neugeborenes bezieht 50 % seiner kompletten Energiezufuhr aus dem Fettgehalt der Muttermilch.

Das Zentralnervensystem von Kindern wächst rasch. Ein Mangel bzw. Missverhältnis zwischen Omega-3-Fettsäuren und Omega-6-Fettsäuren kann sich negativ auf das Zentralnervensystem auswirken.

Konzentrationsschwierigkeiten, Lernstörungen und psychomotorische Auffälligkeiten können die Folge sein.

Ein Baby zwischen 6 und 12 Monaten benötigt etwa 26 Gramm Fett am Tag.

Hochwertige Fette finden sich vor allem in pflanzliche Fetten wie Olivenöl, Leinöl, Walnussöl, Sesamöl, Kokosöl sowie Nüssen und Avocados.

Ein bis zweimal die Woche fettreichen Fisch wie Lachs ergänzt das Nährstoffprofil

Eiweiß

Auf eine bedarfsgerechte Eiweißzufuhr sollte unbedingt geachtet werden, da sowohl zu wenig (beeinträchtigte Entwicklung) als auch zu viel Eiweiß schädlich für Heranwachsende ist (die Nieren können zu viel Eiweiß nicht verarbeiten, was zu Nierenschäden führen kann.)

Da Proteine/Eiweiße für den Aufbau von Körpersubstanz benötigt werden, haben vor allem Kleinkinder einen erhöhten Bedarf. Mit der Nahrung sollte täglich ausreichend Eiweiß zugeführt werden. Besonders sinnvoll ist der Verzehr von hochwertigem Eiweiß.

Ein Baby zwischen 6 und 12 Monaten benötigt etwa 11 Gramm Eiweiß am Tag.

Eiweißreiche Lebensmittel
Eiweißgehalt je 100g

Rindfleisch 26g

Käse (Edamer, Gouda, ...) 25g

Thunfisch 22g

Hähnchenbrust 21g

Garnelen, Shrimps 19g

Mandeln 19g

Lachsfilet 18g

Seelachs 16g

Dinkel 15g

Walnüsse 14g

Haferflocken 13g

Hühnerei 13g

Amaranth 13g

Linsen gekocht 9g

Weiße Bohnen 9g

Kichererbsen 8g

Milch/ Joghurt 3g

Wie oft soll ich meinem Baby Beikost anbieten?

Das ist noch ein schöner und entspannter Punkt der bedarfs- und bedürfnisorientierten Beikost - du musst dir keinen Stress machen genug Beikost anzubieten.

Du kannst dein Kind einfach jedes Mal mitessen lassen, wenn die ganze Familie isst. In den ersten Wochen ist es dabei auch nicht schlimm, wenn das nur einmal am Tag der Fall ist. Die Häufigkeit sollte aber bis zum ersten Geburtstag auf etwa 5 Mahlzeiten am Tag steigen.

Bei vielen Kindern bietet es sich auch an 3 Hauptmahlzeiten anzubieten und ansonsten einen Snackteller mit gesunden Kleinigkeiten den ganzen Tag frei zur Verfügung zu stellen.

An welchen Mahlzeiten dein Baby dann tatsächlich teilnimmt und wie viel es isst, entscheidet dein Kind allein.

Wie viel Beikost soll ich meinem Baby anbieten?

Grundsätzlich solltest du Beikost wie Muttermilch nach Bedarf anbieten. Dabei ist allerdings wichtig, dass du sie zusätzlich zur Muttermilch anbietest und nicht stattdessen.

Auch Babys zeigen schon sehr genau wann sie noch essen möchten und wann nicht.
Wenn dein Kind sich konzentriert das Essen nimmt, in den Mund nimmt und kaut, möchte es noch essen. Wenn es sich weglehnt, den Kopf wegdreht, das Essen wegschiebt oder runterschmeißt, weg geht,.... ist es normalerweise satt.

Natürlich kann es sein, dass dein Kind 10 Minuten später doch nochmal was essen möchte, das ist ok und das solltest du unbedingt erlauben.

Aber bitte versuche dein Kind nicht zu überreden oder anders dazuzubekommen mehr zu essen, auch wenn es wirklich keinen einzigen Bissen probiert hat.

Du kannst dein Kind fragen, ob es das probieren möchte, aber solltest es ohne Sätze wie "Du musst es nicht essen, aber probier es wenigstens" dazu überreden. Denn mal ehrlich. Wenn du etwas einfach eklig findest, und das tun auch wir Erwachsenen bei vielen Dingen, obwohl wir sie noch nicht probiert haben, dann findest du es nun mal eklig. Wie würdest du dich fühlen, wenn jemand unbedingt will, dass du probierst? Dass du es nicht aufessen musst, wenn es dir nicht schmeckt, ist nur ein schwacher Trost, wenn du den Geschmack da ja schon im Mund hast.

Stille in den ersten Beikostmonaten unbedingt sowohl vor als auch nach dem Stillen, später, frühestens aber mit etwa 10 Monaten bis einem Jahr, reicht es, wenn du nach der Mahlzeit stillst, außer natürlich dein Baby möchte vorher gerne stillen.

Vor und nach der Mahlzeit stillen, heißt dabei nicht, dass du direkt davor oder danach stillen solltest. Ich höre immer wieder von Müttern, dass ihre Kinder sehr schnell beides nicht mehr wollten. Wenn man dann näher darauf eingeht, kommt meist raus, dass hier versucht wurde unmittelbar vor und nach der Beikostmahlzeit zu stillen, teils sogar am gedeckten Tisch. Das mag Anfangs, wenn das Kind noch keine Beikost kennt, funktionieren, aber mit Sicherheit nicht lange. Vor und nach der Mahlzeit stillen meint einen Zeitrahmen von bis zu einer Stunde vor dem Essen und einer Stunde nach dem Essen.

Das Stillen vor der Beikostmahlzeit ist am Anfang wichtig um den Milchbedarf hochzuhalten und damit dein Kind sich nicht an der Beikost satt isst. Denn das Stillen soll im ersten Lebensjahr eben anders als oft kommuniziert NICHT ersetzt werden. Zudem ist ein sattes und zufriedenes Kind eher bereit neue Dinge kennenzulernen als ein hungriges.

Das Stillen nach der Beikostmahlzeit ist wichtig um deinem Baby die Verdauung zu erleichtern. Muttermilch enthält Verdauungsenzyme die helfen den noch empfindlichen Magen-Darm-Trakt nicht zu überfordern.

Zudem kann dein Kind sich an der Muttermilch noch satt trinken, solange es nicht genug Beikost isst, um davon satt zu werden.

Viele Kinder brauchen das Stillen bis zum Ende des zweiten Lebensjahres nicht mehr als Energiequelle. Dennoch stillen die meisten, die sich selbstbestimmt abstillen dürfen bis ins 4. Lebensjahr hinein, einige auch länger.

Dabei ist es nicht ungewöhnlich, dass irgendwann nur noch einmal am Tag (oft zum Einschlafen) und später sogar nur noch alle paar Tage oder alle paar Wochen mal gestillt wird, bis es irgendwann ganz weg gelassen wird. Dies ist nicht nur fürs Kind, sondern auch für die Mutter die sanfteste Methode, da sich die Brust langsam einstellen kann. Milchstau und andere Probleme sind damit so gut wie ausgeschlossen.

4

Jetzt gehts los! Der Beikoststart

Nährstoffreiche Lebensmittel und was du im ersten Lebensjahr meiden solltest

Muss es immer Bio sein?

Biologisch angebaute Lebensmittel werden ohne Kontakt zu Pestiziden angebaut und können daher eine sichere und umweltfreundliche Nahrungsquelle für dein Baby sein.
Allerdings sind wirklich hochwertige biologische Produkte nicht günstig. Wenn deine finanziellen Möglichkeiten hier begrenzt sind, halte dich bei Obst und Gemüse an die sogenannten "Dirty Dozen".
Wenn bei euch Fleisch auf dem Speiseplan steht, sollte Fleisch aus hochwertiger Biohaltung, wenn möglich Demeter oder Bioland gekauft werden, nicht nur wegen der enormen Medikamentenbelastung bei konventionellem Fleisch.
Gerade hochwertiges Biofleisch ist im Vergleich sehr teuer. Aber Fleisch sollte ohnehin nicht so oft auf den Tellern landen. Hier wäre es auf jeden Fall eine Überlegung wert, seltener aber dafür hochwertiges Fleisch zu kaufen.

Dirty Dozen

Diese zwölf Obst- Gemüsesorten solltest du unbedingt in Bioqualität kaufen:

- **Erdbeeren**

Erdbeeren sind extrem belastet. in manchen Proben fand man 22 verschiedene Schadstoffe. Deswegen bei Erdbeeren immer zu Bio greifen.

- **Äpfel**

Sie sind stark mit Diphenylamin belastet. Auch bei Produkten wie Apfelsaft oder Apfelmus darauf achten.

- **Pfirsiche und Nektarinen**

Beide Früchte werden extrem gespritzt. Da hier dazu noch die Schale mitgegessen wird, ist Bio die bessere Wahl.

- **Sellerie**

Unbedingt auf Bioqualität achten. Mehr als 95 % der Proben wiesen 13 verschiedene Schadstoffe auf.

- **Trauben**

Gerade weil Trauben unvorsichtig doch öfter mal schnell ungewaschen im Mund landen, sollte hier ebenfalls auf biologischen Anbau gesetzt werden.

- **Kirschen**

Ich weiß, Kirschen sind schon ohne Biosiegel sehr teuer, aber haben nun mal auch eine Pestizidbelastung von 30 %.

Dirty Dozen

Diese zwölf Obst- Gemüsesorten solltest du unbedingt in Bioqualität kaufen:

- **Spinat**
Spinat saugt Giftstoffe auf wie ein Schwamm. Proben wiesen 97 verschiedene Pestizide auf.

- **Tomaten**
Auch Tomaten sind mit 69 verschiedenen Pestiziden stark belastet und sollten nur in Bioqualität auf den Tisch kommen.

- **Paprika**
Auch wenn viele Leute Paprika schälen ist die Belastung hier so hoch, dass der höhere Preis der biologisch angebauten Paprika es definitiv wert ist.

- **Kartoffeln**
Kartoffeln sind tatsächlich die Pflanzen mit der größten Pestizidbelastung. Daher unbedingt in Bioqualität kaufen. Da muss man die Kartoffel dann nicht mal schälen.

- **Birnen**
Fast die Hälfe der getesteten Birnen wies Giftstoffe auf.

- **Erbsen**
Auch hier ist es eine Überlegung wert eher zu biologisch angebauten Erbsen zu greifen

Clean Dozen

Bei diesen zwölf Obst- Gemüsesorten kannst du auf Bioqualität verzichten:

- **Avocado**

Die harte Schale verhindert das Eindringen von Schadstoffen.

- **Mais**

Nur 2% der Proben wiesen überhaupt Pestizide auf.

- **Ananas**

Hier schützt die dicke und stachelige Schale die Frucht nicht nur vor Stößen, sondern auch vor Giftstoffen.

- **Zwiebeln**

Die vielen Schichten schützen das Innere effektiv vor Schadstoffen.

- **Spargel**

Spargel nimmt kaum Pestizide auf. Waschen und Schälen reicht hier vollkommen aus.

- **Mangos und Papaya**

Tropische Früchte haben meist recht dicke Schalen die sie vor allerhand Problemen schützen. Auch Pestizide werden so abgehalten.

Clean Dozen

Bei diesen zwölf Obst- Gemüsesorten kannst du auf Bioqualität verzichten:

- **Kiwi**

Hier wurden nicht mal auf der Schale nennenswerte Mengen an Giftstoffen gefunden. Zudem isst man die schale meist ohnehin nicht mit (wäre aber möglich)

- **Blumenkohl**

Blumenkohl gilt als unbedenklich.

- **Aubergine**

Ihre glatte Haut absorbiert keine Giftstoffe.

- **Brokkoli**

Die meisten Proben sind komplett frei von Pestiziden.

- **Melone**

Durch die dicke Schale von Melonen tritt nichts hindurch.

- **Grapefruit**

Grapefruits weisen kaum Schadstoffbelastung auf.

Geeignete erste Lebensmittel

Diese Liste ist eigentlich gar nicht nötig, denn bis auf ein paar kleine ausnahmen kann und darf dein Kind ab Beikoststart tatsächlich alles am Familientisch mitessen. Auch die Lasagne oder Pizza. Dennoch ist man, gerade beim Beikoststart doch öfter mal verunsichert, deswegen hier eine kleine Liste, damit du siehst, dass du weder dein Baby noch deine Familie bei der Lebensmittelauswahl einschränken musst.

Kohlenhydrate

- Nudeln
- Reis
- Kartoffeln
- Linsen
- Quinoa
- Amaranth

- Dinkel
- Kichererbsen
- Kidneybohnen
- Brot
- Müsli
- Haferflocken

Eiweiß

- Eier
- Naturjoghurt
- Käse
- Nüsse
- weiße Bohnen
- Amaranth

- Fisch
- Hähnchen
- Lamm
- Tofu

Geeignete erste Lebensmittel

Gemüse

- Karotten
- rote Beete
- Kürbis
- Zucchini
- Brokkoli
- Blumenkohl
- Pilze
- Knoblauch
- Süßkartoffeln
- Kohl
- Spinat
- Aubergine
- Edamame
- Zuckerschoten
- Zwiebeln
- Tomaten

Obst

- Pfirsiche
- Pflaumen
- Zwetschgen
- Erdbeeren
- Orangen
- Bananen
- Kirschen
- Melone
- Äpfel
- Trauben
- Beeren
- Avocado
- Ananas

Fett

- Nussmus
- Avocado
- Olivenöl
- Walmussöl
- Kokosöl

Welche Lebensmittel sollte ich meiden?

- **Tiermilch**

Ja ich habe geschrieben bis zu 200ml in verarbeiteter Form sind auf Wunsch in Ordnung. Das sind die momentanen offiziellen Empfehlungen. Allerdings ist es auch Fakt, dass Tiermilch nicht für uns gemacht ist und nicht gesund für uns ist. Studien zeigen, dass Milch zumindest im ersten Lebensjahr ganz vermieden werden sollte. Ein Säugling braucht weder artfremde Milch, noch erfüllt sie seine Ernährungsbedürfnisse. Muttermilch reicht vollkommen aus.

- **Salz**

Die Nieren von Säuglingen können zu viel Natrium noch nicht verarbeiten. Ein Kind sollte unter einem Jahr nicht mehr als 1 Gramm Salz (0,4 Gramm Natrium) am Tag zu sich nehmen. Aber Salz ist nicht gänzlich verboten, wir brauchen Salz zum Leben. Es ist nicht nötig Brot, aufgrund des Salzgehalts, selbst zu backen, es ist auch nicht nötig das Nudelwasser nicht zu salzen oder das Essen nicht zu salzen und auf dem Teller nachzusalzen. Du kannst ganz normal mit frischen Zutaten kochen und Fertigprodukte meiden.

- **Honig**

Es ist äußerst selten, aber möglich, dass Honig Bakterien enthält die den sogenannten Säuglings-Botulismus bei deinem Baby auslösen können. Diese Krankheit ist sehr gefährlich und kann tödlich enden. Diese Bakterien werden auch beim Kochen oder Backen nicht abgetötet. Zu Hause sollte also im ersten Jahr gänzlich auf Honig verzichtet werden. Industriell verarbeiteter Honig in gekauften Produkten ist unbedenklich, da diese Produkte stark erhitzt und unter hohem Druck behandelt werden. Diese Kombination macht die Bakterien unschädlich.

Welche Lebensmittel sollte ich meiden?

- **Zucker und künstliche Süßstoffe**
Abgesehen davon, dass Zucker sehr ungesund ist und regelrecht süchtig machen kann, braucht ein Baby ihn einfach nicht. Die Kleinen haben noch richtig funktionierende Geschmacksknospen und es wäre schön, wenn sie nicht an diesen künstlich süßen Geschmack gewöhnt werden.
Zum Süßen kannst du z.B. reife Bananen, Birnen oder Datteln verwenden. Auch Fruchtsäfte sollten vermieden werden.

- **Fettreduzierte Produkte**
Fett ist Geschmacksträger. Fettreduzierte Produkte bekommen ihren Geschmack oft durch zusätzlichen Zucker, Aromen und Geschmacksverstärker. Dazu brauchen Kinder viele Kalorien und gesundes Fett

- **Rohe tierische Lebensmittel**
Vermeide rohes oder nicht durch gegartes Fleisch und Fisch, sowie Rohwurstsorten wie Salami, Lachsschinken und Teewurst, rohen oder geräucherten Fisch und rohe Eier. Babys sind empfindlicher gegenüber manchen Bakterien und haben ein höheres Risiko für schwere Krankheiten aufgrund einer Lebensmittelvergiftung.

Welche Lebensmittel sollte ich meiden?

- **Harte oder runde Lebensmittel**

Ganze Nüsse, Trauben, Blaubeeren oder Kirschtomaten haben genau die richtige Größe und Form um die Luftröhre deines Kindes zu verschließen. Bei harten Lebensmitteln wie rohe Äpfeln oder Karotten können Stücke abbrechen, die sich im Hals festsetzen. Diese Lebensmittel immer halbieren oder vierteln oder etwas weich dünsten.

- **Cassia-Zimt, Waldmeister und Tonkabohnen**

Diese Gewürze enthalten hohe Mengen Cumarin, das vor allem bei kleinen Kindern, schon in kleinen Mengen die Leber schädigen kann. Ceylon-Zimt enthält kaum Cumarin und kann bedenkenlos verwendet werden.

Der Start

Du musst nichts extra klein machen, biete alles einfach kindgerecht an, das heißt anfangs (so die ersten 2 bis 3 Monate) in relativ großer Form (Pommesform). Bei Nudeln sind daher z.B. Penne oder Fusilli perfekt. Kleine Runde Lebensmittel wie z.B. Trauben sollten Anfangs wegen Aspirationsgefahr geviertelt und später längs halbiert werden. Das Essen sollte nicht in die Hand gegeben werden, sondern vor dein Kind hingelegt werden, damit es das Essen selber greifen und zum Mund führen kann.,
Es kann gut sein, dass die ersten Wochen wirklich nur mit den Händen die Konsistenz beobachtet wird und rein gar nichts im Mund landet.

Abwaschbare Stühle, Ärmellätzchen oder nackt essen lassen, sowie abwaschbare Tischdecken unter dem Tisch haben sich sehr bewährt, da es nicht selten ist, dass mehr essen unter dem Tisch landet, als im Kind.

Bedarfs- und bedürfnisorientierte Beikost bedeutet nicht, dass die Beikost komplett breifrei sein muss. Es kommt einfach darauf an, welche Art von Brei.
Während typischer Babybrei bei einer selbstbestimmten Beikosteinführung nichts verloren hat, sind breiige Konsistenzen an sich durchaus kompatibel.
Kein Erwachsener würde z.B. Gemüse, Nudeln und Fleisch miteinander pürieren und essen. Das ist keine natürliche Nahrungsaufnahme, das Kind lernt so weder die verschiedenen Konsistenzen der Komponenten kennen, noch den Geschmack. Es bekommt nur irgendeinen Einheitsbrei bei dem man nicht weiß, was im Einzelnen drin ist.

Kartoffelbrei, Porridge oder Milchreis z.B., also breiige Mahlzeiten, die auch bei uns Erwachsenen auf den Tisch kommen, sind zwar in ihrer Urdefinition auch nicht mehr in ihrer natürlichen Form, aber dennoch in einer Form, die wir täglich zu uns nehmen, also nicht extra für das Kind abgeändert wie beim Babybrei. Diese Breiform ist durchaus vollkommen ok und ist ein vollwertiger Bestandteil der Familienkost.

Am Anfang bereiten flüssige oder breiige Lebensmittel, genau wie sehr kleine Dinge wie Reis, einem Kind aber natürlich eher Probleme als Lebensmittel in kindgerechter Größe. Hier gibt es drei Möglichkeiten wie du verfahren könntest.

Entweder du bietest solche Lebensmittel und Mahlzeiten erst dann an, wenn dein Kind mit einem Löffel umgehen kann. Was allerdings die Lebensmittelauswahl für dein Kind am Familientisch wieder einschränkt und dadurch nicht wirklich bedürfnis- und bedarfsorientiert ist.

Du machst die Mahlzeiten für dein Kind essbar, indem du z.B. Brotwürfel in die Suppe gibst, dass es eine dickere, mit den Fingern essbare Konsistenz ergibt oder formst z.B. aus Reis Bällchen oder Fladen und bietest ihn frittiert oder gebacken zum Essen an.

Oder du hilfst deinem Kind beim Essen. Das heißt, du fütterst nicht klassisch, sondern du hältst deinem Kind den Löffel hin, dein Kind nimmt deine Hand und führt sich damit selbst den Löffel zum Mund.

Wenn die Kinder älter sind, kommt es allerdings auch bei Kindern die nie gefüttert wurden, oft zu mehreren Phasen, in denen sie plötzlich gefüttert werden möchten. Das ist vollkommen ok und in der Regel sind die Kinder in einem Alter, in dem das Füttern vollkommen vom Kind bestimmt werden kann. Kinder sind schnell abgelenkt, essen dauert ihnen zu lange oder ist nicht spannend genug. Das Angebot sie zu füttern, nehmen die meisten in solchen Momenten gerne an. Was auch hilft, ist nicht stur an irgendwelchen Regeln festzuhalten ("gegessen wird nur am Tisch"). Ein Kind, das nebenbei aufstehen und spielen gehen darf, wird im Normalfall immer wieder zum Teller zurückkommen, etwas essen und wieder gehen. Am Ende hat es wahrscheinlich mehr gegessen, als das Kind, das die ganze Mahlzeit über am Tisch sitzen musste.

Ansonsten ist es völlig egal wie ihr mit der Beikost startet. Meistens entscheidet am Ende ohnehin das Kind, das einfach etwas vom Teller klaut und es sich in den Mund stopft. Also verschwendet am besten nicht zu viele Gedanken damit welches besondere Menü du deinem Kind als erste Mahlzeit anbieten kannst.

Es ist auch egal, welches Obst, Gemüse, Getreide,.... du zuerst einführst. Beikostpläne bei denen du immer erst eine Sorte testest bis du zur nächsten übergehst, sind veraltet. Wie schon erwähnt kann dein Kind von Anfang an am Familientisch mitessen. Was sogar sehr viel gesünder für dein Kind ist.

Bekommt es z.B. eine Portion Nudeln mit Bolognesesoße bekommt es sehr viel mehr Nährstoffe, die in diesem Alter wichtig sind, als wenn es ein paar Gemüsesticks bekommt. Gemüse und Obst hat viele Vitamine und sollte auf jeden Fall einen großen Teil der Ernährung ausmachen, es enthält aber z.B. nur sehr wenige Kalorien, kein Fett, kein Eiweiß und in vielen Fällen auch kein Eisen oder Zink. All diese Dinge sind aber enorm wichtig für die körperliche und geistige Entwicklung. Eine ausgewogene Mischkost ist daher von Anfang an erstrebenswert.

Oft hört man im Zusammenhang mit der Beikosteinführung, Babys bräuchten keine Abwechslung. Doch nur mit Abwechslung kann ein Kind eine breite Palette an Nährstoffen aufnehmen. Wenn es immer das Gleiche bekommt, bekommt es auch immer die gleichen paar Nährstoffe. In Muttermilch ist zwar alles enthalten, was ein Kind braucht, aber wenn das Kind nicht von Anfang an verschiedene Geschmäcker und Konsistenzen kennenlernt ist es kein Wunder, wenn es später ein mäkeliger Esser wird.

Getränke

Solange das Kind voll gestillt wird, braucht es nicht nur keine anderen Flüssigkeiten, sie können sogar gefährlich bis lebensbedrohlich werden.

Muttermilch besteht zu 88 % aus Wasser, reicht also zum Durst löschen vollkommen aus und liefert dabei noch alle wichtigen Nährstoffe, die ein Kind braucht. Vorausgesetzt das Baby wird nach Bedarf gestillt. Zusätzliche Flüssigkeit kann zu einer lebensgefährlichen Wasservergiftung führen. Auch bekannt als Wasserintoxikation oder Hyperhydration.

Bei einer Wasservergiftung wird das Blut durch die zusätzliche Flüssigkeitszufuhr verdünnt und somit sinkt der Natriumspiegel im Blut. Bei Muttermilch ist der Natriumgehalt sehr viel höher als in Wasser, daher wird hier der Natriumspiegel wieder ausgeglichen. Normalerweise wird eine Wasservergiftung vom Körper effektiv verhindert, indem zu viel Wasser zügig von den Nieren wieder ausgeschieden und so der Natriumgehalt im Blut reguliert wird. Bei Kindern unter einem Jahr sind die Nieren allerdings noch nicht ausgereift und können das Wasser nicht schnell genug verarbeiten.

Ist nun, aufgrund von vermehrter Flüssigkeit im Blut, der Natriumwert zu niedrig, versucht der Körper dies wieder auszugleichen, indem er Flüssigkeit in den Körperzellen speichert. Die Körperzellen schwellen dadurch an und die Kinder wirken aufgedunsen.

Auch die Gehirnzellen nehmen dabei Wasser auf. Da das Gehirn aber vom knöchernen Schädel umgeben ist, ist deren Aufnahmekapazität stark beschränkt, da sie sich nicht so weit ausdehnen können. Dadurch besteht die Gefahr, dass es zu einem Hirnödem mit folgenden Symptomen kommt:

Getränke

Kopfschmerzen
Zittern
Übelkeit und Erbrechen
Benommenheit und Schwindel
Desorientierung und Bewusstlosigkeit
epileptische Anfälle

Jedes Jahr landen, gerade im Sommer, kleine Kinder mit diesen Symptomen in den Notaufnahmen der Krankenhäuser. In den meisten Fällen kann den Kindern mit Elektrolytlösungen zwar schnell geholfen werden, aber nicht jede Wasservergiftung geht gut aus. In extremen und seltenen Fällen kann es zu Hirnschäden oder sogar zum Tod führen.

Auch bei Magen-Darm-Erkrankungen wie Durchfall oder Erbrechen soll der erhöhte Flüssigkeitsbedarf durch Muttermilch gedeckt werden.

Eine Wasservergiftung ist die zweithäufigste Ursache für Krampfanfälle bei Säuglingen. Die Gefahr für eine Wasservergiftung sinkt mit der Einführung der Beikost, da durch die Lebensmittel kleine Mengen Natrium zugeführt werden. Zum Entdecken kann Wasser daher in geringer Menge (ein kleiner Schluck zum Essen, z.B. in einem Schnapsglas) ab dem Beikoststart angeboten werden. Zusätzliche Flüssigkeit zur Beikost braucht dein Baby aber erst ab der 3. ersetzten Milchmahlzeit, was wie schon erwähnt, nicht im ersten Lebensjahr der Fall sein sollte.

Verdauungsprobleme

Bekommt dein Kind nach Einführung der Beikost plötzlich Verdauungsprobleme wie Verstopfung oder Blähungen wird oft zu stuhllockernden Lebensmitteln geraten. Dies mag im ersten Moment logisch klingen, ist es bei kleinen Kindern aber definitiv nicht. Solche Probleme sind immer ein Zeichen dafür, dass der Darm noch nicht bereit ist oder etwas nicht verträgt. Sei es, weil zu früh Beikost gegeben wurde oder zu schnell zu viel davon oder weil wirklich eine Unverträglichkeit besteht. Wobei es bei letzterem eher zu Durchfällen und Bauchkrämpfen statt zu Verstopfung kommt. In so einem Fall sollte nochmal ein Schritt zurückgefahren werden und weniger Beikost auf den Tisch kommen, bis hin zum kurzzeitigen wieder voll Stillen von etwa 2 Wochen. Wenn sich der Stuhl wieder normalisiert hat, kann die Beikostmenge langsam wieder erhöht werden.

Solche Probleme kommen in der Regel viel häufiger vor, wenn Brei gefüttert wird, da bei dieser Art der Beikosteinführung sehr viel größere Mengen an Nahrung im Kind landen, als wenn das Kind das Essen in seiner natürlichen Form kennen lernen darf.

Allergene

Früher dachte man, es wäre von Vorteil, wenn man bestimmte Allergene im ersten Lebensjahr meidet. Heute weiß man, dass es zur Allergieprophylaxe wichtig ist sämtliche Allergene so früh wie möglich einzuführen. So sind sie im ersten Lebensjahr nicht nur erlaubt, sondern sollten möglichst bald nach Beikoststart in die Ernährung aufgenommen werden.

Dies ist umso wichtiger, wenn das Kind durch Allergien in der Familie schon vorbelastet ist. Viele Mütter meiden Allergene aus Angst und versuchen so ihr Kind zu schützen. Leider führt dies eher zum Gegenteil und fördert Allergien.

5

Mahlzeiten sicher gestalten

Sichere Lebensmittel und eine sichere Essumgebung

Ok, du musst dein Kind nicht füttern und du musst nicht extra für dein Baby kochen. Dennoch spielst du eine große und wichtige Rolle beim Beikoststart deines Kindes. Die meiste Zeit wirst du definitiv brauchen um deinem Kind sichere Lebensmittel und eine sichere Essumgebung bieten zu können.

Hier ein paar Sicherheitsaspekte die du unbedingt beachten solltest.

Würgen und verschlucken

Was machst du, wenn dein Baby würgt? Unsere natürliche Mama-Reaktion ist ausflippen. Das ist eine völlig normale Reaktion, wenn du etwas siehst, das dich beunruhigt. Allerdings kann diese Reaktion die Situation noch schlimmer machen. Denn dein Baby erwartet von dir, dass du die Situation abschätzen kannst. Wenn es sieht, dass du ängstlich bist und Panik bekommst, denkt dein Kind, dass das was passiert falsch und beängstigend ist.

Erstickungsrisiko

Die pädiatrische Forschung (A Baby-Led Approach to Eating Solids and Risk of Choking, 2016) legt nahe, dass das Erstickungsrisiko bei der babygeleiteten Beikosteinführung nicht höher ist als bei der "traditionellen" Breifütterung.

Die Studie ergab aber auch, dass Babys die mit Brei gefüttert wurden und gelegentlich Fingerfood bekamen, aus Unwissenheit oft gefährliche Lebensmittel von ihren Eltern bekamen, was das Erstickungsrisiko erhöhte. 35 % der Kinder in der Studie hatten mindestens einen Momen,t in dem sie sich gefährlich verschluckt haben.

Würgen ist normal

Ja du liest richtig. Das musst du dir immer wieder vor Augen halten. Würgen ist normal und etwas völlig anderes als echtes Verschlucken.

Würgen ist völlig normal! Es ist keine Frage von ob, sondern von wann. Und nein, das ist nicht nur bei Babys so, die keinen Babybrei bekommen. Wenn das Kind beim Beikoststart nicht würgt, weil es Brei bekommt und damit gut klarkommt, wird es halt würgen, wenn es älter ist und an andere Texturen herangeführt wird. Es ist ein Teil davon das Essen zu lernen und Brei zu füttern verzögert diesen Schritt nur. Was ihn sogar gefährlich machen kann, denn je älter das Kind ist, desto weiter hinten sitzt der Würgereiz und umso größer wird die Wahrscheinlichkeit, dass das Kind sich wirklich verschluckt.

.

Was soll ich tun wenn mein Baby würgt?

Sei besorgt, das ist ok und normal. Bleib in der Nähe und beobachte dein Baby. Aber reagiere nicht äußerlich! Und versuche niemals die Nahrung mit den Fingern aus dem Mund zu holen. So kannst du das Stück tatsächlich weiter hinter schieben und für echtes gefährliches Verschlucken sorgen.

Atme und lächle. Wenn dein Baby würgt bleib ruhig. Keine plötzlichen Bewegungen, keine lauten Stimmen. Es gibt nichts, was du tun kannst, wenn das Würgen einmal begonnen hat. Das muss dein Kind alleine schaffen und wenn du laut und verängstigt bist, hilft das deinem Kind nicht. .

Dein Baby schafft das. Und wenn es so weit ist, kannst du ihm etwas zum Trinken oder die Brust anbieten und je nach Situation trösten.

Erkenne die Anzeichen von echtem Ersticken

Ersticken sieht völlig anders aus als würgen. Wenn ein Baby erstickt kann es weder weinen, noch husten, noch andere Geräusche machen oder atmen.

Ein erstickendes Baby braucht sofort Hilfe. Du musst darauf vorbereitet sein. Bis der Notarzt kommt, kann es sonst zu spät sein. Hier kann ich dir nur unbedingt einen Erste Hilfe Kurs für Babys empfehlen.

Sichere Lebensmittel anbieten

Im letzten Kapitel habe dir bereits eine Liste mit den Lebensmitteln gegeben, die dein Kind im ersten Lebensjahr auf keinen Fall bekommen sollte. Beachte bitte zusätzlich auch folgendes.

Erstickungsgefahr

Vermeide bitte unbedingt die folgenden Erstickungsgefahren so lange, bis dein Kind Backenzähne hat und richtig kaut:

Schalen, Samen, Nüsse (im ganzen), kleine Knochen
Trockenfrüchte sind schwer zu kauen (du kannst sie aber kleingehackt z.B. ins Müsli geben)
Runde Lebensmittel wie Trauben, Kirschen, kleine Tomaten, Blaubeeren,.. sollten Anfangs längs geviertelt und später längs halbiert werden.
Harte Lebensmittel von denen größere Stücke abbrechen können wie Äpfel oder Karotten bitte nicht roh anbieten. (auch wenn dein Kind noch keine Zähne hat, die Kiefer sind stark und können durchaus Stücke rausbrechen)

Stelle immer sicher, dass aufrecht sitzend gegessen wird. Sollte dein Kind schon Laufen achte darauf, dass dabei nichts mehr im Mund ist.

Achte auf den Salzgehalt

Salz ist praktisch überall versteckt.
Sollte dein Baby auch verarbeitete Produkte aus dem Supermarkt bekommen (dazu zählt auch Wurst und Käse), macht es Sinn den Salzgehalt dieser Lebensmittel etwas im Auge zu behalten. Du musst nun aber nicht alles genau aufschreiben. Am Anfang sind die Essmengen ohnehin so gering, dass es für dein Kind kaum möglich ist, die Höchstgrenzen zu überschreiten.

Auch musst du nicht jeden Tag genau darauf schauen. Eine Zeitspanne von etwa einer Woche ist eine gute Richtlinie. Gab es an einem Tag etwas mehr Salz, gibt es halt die nächsten Tage etwas weniger.

**Kinder unter einem Jahr: bis zu 1 Gramm Salz (0,4 Gramm Natrium) / Tag
Kinder von 1 bis 3 Jahren: bis zu 2 Gramm Salz (0,8 Gramm Natrium / Tag
Kinder von 4 bis 6 Jahren: bis zu 3 Gramm Salz (1,2 Gramm Natrium) / Tag**

Sichere Zubereitung

Kinder unter einem Jahr sind sehr anfällig für durch Essen übertragbare Krankheiten. Deswegen solltest du, wenn du für ein Baby mitkochst etwas aufmerksamer sein, als wenn du nur für Erwachsene oder größere Kinder kochst.

Obst und Gemüse sollte vor der Zubereitung immer gewaschen werden
Wasche deine Hände vor und nach dem Kochen, sowie zwischendrin, wenn du anfängst ein anderes Lebensmittel zu verarbeiten
Achte auf saubere Bretter, Messer und Schüsseln
Übrig gebliebenes Essen sollte so schnell wie möglich in den Kühlschrank
Friere einmal aufgetaute Lebensmittel nicht nochmal ein
Schon gekochte und kühl gestellte Lebensmittel sollten innerhalb von 3 Tagen verbraucht werden
Fleisch, Fisch und Eier immer gut durch garen

Sichere Essumgebung

Stelle sicher, dass dein Baby nur in aufrechter und sitzender Position isst

Ein Hochstuhl sollte robust und kippsicher sein. Stelle niemals einen Stuhl, Hochstuhl oder Babyschale auf einen Stuhl oder Tisch

Sei immer präsent und beobachte dein Baby beim Essen und behalte im Blick wie es ihm geht

Achte darauf, dass das Essen nicht zu heiß ist. Viele Kinder essen in dem Alter lieber kalt als warm.

Vermeide zerbrechliche Teller und Gläser. Scherben können dein Baby verletze,n wenn es Geschirr auf den Boden wirft

Lege deinem Kind niemals etwas in den Mund oder versuche mit den Fingern etwas aus dem Mund raus zu holen

6

Herausforderungen

meistern

Die häufigsten Herausforderungen und wie wir nicht daran verzweifeln

Picky Eater

Sogenanntes Picky Eating ist immer wieder ein großes Thema in meinen Beratungen. Doch es ist völlig normal, jedes Kind hat diese Phasen, meist mehrere davon.

Was heute schmeckt, kann morgen das ekligste Essen der Welt sein Die falsche Form, das ungefragte Durchschneiden eines Brotes oder die falsche Teller- oder Becherfarbe können zu sehr emotionalen Gefühlsausbrüchen führen.

Du hast einmal das Brot in Herzform ausgestochen und schon will das Kind nur noch Dinge essen die diese Form haben oder dein Kind isst seit Tagen, ach was sag ich, Wochen nur Nudeln ohne alles.

Das kann einen verrückt machen. Hier hilft nur tief durchatmen und sich immer wieder vor Augen zu führen, dass Kinder sich holen was sie brauchen, dein Kind wird deswegen keinen Mangel erleiden. Die Phase geht vorbei und je weniger du drauf reagierst, desto schneller wird das der Fall sein.

Aber warum macht mein Kind das?

Ob du es glaubst oder nicht, dieses Verhalten macht evolutionär definitiv Sinn. Diese Phase beginnt meist in dem Alter, in dem die Kinder sich immer weiter von ihren Eltern entfernen und somit nicht mehr 100 % beschützt werden können.

Dadurch dass sie nur noch Dinge essen, die sie kennen, mögen, die nicht grün sind,... schützen sie sich vor giftigen Pflanzen.

Gleichzeitig läutet die erste dieser Phasen meist die Autonomiephase ein. Dein Kind will seine Unabhängigkeit zeigen und selbst entscheiden.

Allerdings gibt es ein paar Dinge mit denen du schon bei der Beikosteinführung nachhaltiges wählerisches Essen vermeiden kannst

Biete von Anfang an viele verschiedene Geschmacksrichtungen an, je langweiliger ihr startet, desto schwieriger wird es später.

Würze kreativ und nutze auch Zwiebeln, Knoblauch, Curry und auch scharfe Gewürze wie Chilis. Die meisten Babys mögen scharfes Essen sehr gerne

Übersüße Lebensmittel nicht. Auch wenn du Zucker meidest, kannst du mit Datteln oder anderem Obst zu viel Süße in Lebensmittel bringen

Biete Lebensmittel, die dein Kind nicht essen wollte dennoch weiterhin an. Es braucht oft 10 bis 15 Versuche bis ein Kind bereit ist etwas Neues zu probieren

Lass dein Kind mitentscheiden, aber überfordere es nicht - frag nicht "was willst du essen", sondern "möchtest du lieber Bohnen oder Brokkoli?" oder "Möchtest du Avocadodip oder Hummus dazu?"

Bleib entspannt, je mehr dein Kind das Gefühl bekommt, dass sein Verhalten nicht gewollt ist, desto mehr wird es sich unter Druck gesetzt fühlen und das wird die Mahlzeiten immer schwieriger machen

Wie gehe ich mit dieser Phase um?

Nimm es nicht persönlich, das Verhalten hat nichts mit deinen Kochkünsten zu tun und dein Baby macht das auch nicht, um dich zu ärgern

Gib dir nicht die Schuld daran, dass dein Kind nur trockene Nudeln isst, das macht nur unnötigen Stress

Steck nicht übermäßig Energie in die Mahlzeiten. Wenn dein Kind nicht essen mag, will es nicht. Vielleicht möchte es später einen Snack

Biete nicht tausend verschiedene Dinge an, in der Hoffnung, dass dein Kind irgendwann etwas isst. Wenn es nicht essen will, ist das ok, Dein Kind wird nicht verhungern, wenn du ihm nichts anderes anbietest

Besteche oder belohne nicht. Wenn du anfängst zu verlangen, dass dein Kind sein Gemüse essen soll, damit es einen Keks bekommt, wird das nicht dazu führen, dass es mehr Gemüse isst. Es wird nur dazu führen, dass es nachhaltig im Kopf hat, dass Gemüse ein Übel ist und Kekse das Gute. Biete alle Lebensmittel gleichwertig an

Zeige keine Freude, wenn dein Kind besonders viel gegessen hat. Eine große Portion zu essen ist genauso gut wie eine kleine Portion oder gar nichts zu Essen. Die Menge der aufgenommenen Nahrung sollte immer vom Hunger abgängig gemacht werden, nicht davon was man als richtig oder falsch erachtet

Versuche dein Baby nicht mit Fernsehen oder Spielchen abzulenken damit es mehr isst. Das führt nur dazu, dass dein Kind sein natürliches Hunger- und Sättigungsgefühl verliert

Versuche nicht ewig dein Kind zum Essen zu bringen. Wenn dein Kind während der Familienmahlzeit kein Interesse am Essen zeigt, dann hat es wahrscheinlich einfach keine Lust. Es bringt nichts das Ende der Mahlzeit herauszuzögern. Vielleicht möchte es bei der nächsten Mahlzeit mitessen

Mein Kind hat plötzlich keinen Appetit mehr

Der Appetit deines Kindes ist nicht immer gleich und gleicht eher einer Berg- und Talfahrt als einer gleichbleibenden Kurve. Dafür spielen mehrere Faktoren eine Rolle:

Im ersten Lebensjahr finden einige Entwicklungsschübe statt, die Pausen sind dabei meist kürzer als die Entwicklungsphasen. Während dieser Phasen haben Babys meist einen sehr ausgeprägten Appetit, weil sie einfach viele Kalorien und Nährstoffe brauchen. Zwischen diesen Phasen normalisiert sich der Bedarf und es kommt uns schnell so vor, als würde unser Kind plötzlich kaum noch essen wollen

Wenn Kinder zähne bekommen und Kinder bekommen gleich 20 Stück davon, kann es sein, dass sie wegen dem Druck und Schmerz sowohl feste Nahrung als auch das Stillen verweigern

Manche Kinder essen weniger, wenn sie von der Auswahl auf dem Teller überfordert sind. Pack den Teller nicht zu voll. 1 Stück von jedem Lebensmittel reicht vollkommen. Gibt es einen Auflauf oder Suppe reichen 2 Löffel. Manche Kinder mögen nichts zusammen gemischtes wie Nudeln mit Soße, hier hilft es jede Zutat einzeln auf den Teller zu legen

Müde Kinder sind meist eher wenig motiviert zu essen, sie bevorzugen dann die kuschelige Brust.

Dreck und Chaos

Ja Beikost ist chaotisch und dreckig. Ob es mit einem Baby, das selbst isst wirklich schlimmer ist, als ein Babybrei spuckendes Kind bezweifle ich. Dennoch kann es wirklich an den Nerven zerren, wenn man gefühlt nichts anderes mehr tut als putzen und alles auf dem Boden landet. Deswegen hier ein paar Tipps die du entspannter damit umgehen kannst.

Versuche, die Freude deines Kindes zu teilen. Es ist wesentlich stressfreier, wenn du versuchst das ganze aus der Sicht deines Kindes zu sehen. Beobachte wie dein Kind auf verschiedene Konsistenzen reagiert, darauf dass die Erdbeere kalt und das Ei warm ist,...

Mach dir das Putzen einfacher. Kaufe lange Ärmellätzchen, eine Unterlage unter den Stuhl, einen Hochstuhl den du einfach abduschen kannst,... oder lass dein Baby einfach nackt essen

Wähle Geschirr, das nicht nur bruchsicher ist, sondern im besten Fall auch nicht runtergeworfen werden kann. Es gibt z.B. Teller mit Saugnäpfen

Mach den Teller nicht zu voll. Je mehr darauf liegt, desto mehr wird am Boden landen. Biete von jedem Teil ein Stück an, wenn dein Baby sich was genommen hat, kann es das aufessen oder weglegen und kann dann ein neues Stück haben

Putz nicht immer wieder über den Tisch oder dein Kind und sammel Essen auf. Lass dein Kind in ruhe essen und entdecken und beseitige danach das Chaos auf einmal

Essen fallen lassen oder werfen

Dein Baby ist ein kleiner Wissenschaftler der den ganzen Tag irgendwelche Experimente durchführt und so tut es das auch beim Essen: Was passiert, wenn ich diesen Muffin auf den Boden fallen lasse? Bleibt der Spinat an der Wand hängen, wenn ich ihn da hinwerfe? Wird Papa lachen, wenn ich mein Glas in meinen Teller leere? Wird Mama schimpfen, wenn ich meinen Teller auf den Boden werfe?

Die beste Reaktion, die du haben kannst, ist ruhig zu bleiben. Dein Baby wird das physikalische Vorgehen lernen und wird nicht durch deine Reaktion ermutigt weiter zu machen. Du kannst deinem Kind beim Begreifen helfen, indem du schlicht kommentierst, was gerade passiert ist: "Du hast den Muffin auf den Boden geworfen, dadurch ist er zerbrochen".

Versuche nicht herunter geworfene Dinge aufzuheben. Das motiviert dein Baby nur diese Reaktion nochmal zu provozieren, indem es das gleiche nochmal versucht.

Auch lachen, schreien,... können dein Baby dazu ermutigen es nochmal zu versuchen

Irgendwann ist wohl bei allen Eltern der Punkt erreicht, a dem die Nerven sehr dünn werden. Bevor du dann zum Schreien und Schimpfen anfängt, frage dein Kind, ob es noch hunger hat. Wenn nicht, möchtest du jetzt den Tisch abräumen, weil du nicht willst, dass es alles auf den Boden wirft. Erkläre das ruhig 2 bis 3 Mal, wenn dein Kind weiter macht. Sollte es dann wirklich nichts mehr essen, räume den Tisch ab. Du musst nicht da sitzen und zuschauen wie dein Kind das ganze Essen auseinander nimmt und dabei nichts isst.

7

Rezepte
für die ganze Familie

Einfache Rezeptideen und Inspirationen

Betrachte diese Rezepte als Grundrezepte für euren individuellen Beikostweg. Dieses Kapitel konzentriert sich auf einfache und anpassbare Gerichte für den Beikoststart, die die Grundlage für eure täglichen Mahlzeiten bilden können.

Sie sind schnell zuzubereiten und können meist gut eingefroren werden und du musst nicht den ganzen Tag in der Küche verbringen, sondern kannst dich auf wichtigere Dinge konzentrieren.

Frühstück

Porridgemuffins

Haferflocken dürfen gerne mehrmals die Woche auf dem Speiseplan stehen. Kinder mögen sie in der Regel sehr gern und sie liefern viel wichtige Eisen für die Entwicklung deines Babys.

Zutaten
12 Stück

12 EL feine Haferflocken
12 EL Pflanzendrink (ich nehme gerne Hafermilch)
eine Handvoll Himbeeren oder Blaubeeren
1/2 zerdrückte Banane
2 geriebener Apfel
etwas Zimt

Zubereitung

Nimm 3 Schüsseln und gebe in jede Schüssel je 4 EL Haferflocken und 4 EL Pflanzendrink als Basis für 3 verschiedene Sorten Porridgemuffins

In eine der Schüsseln gibst du nun die Banane, in die zweite die Beeren und in die dritte den Apfel und den Zimt

Die Masse sollte relativ fest und zusammendrückbar sein, gebe nach Bedarf noch Pflanzendrink oder Haferflocken hinzu

Fülle die Masse in eine Minimuffinform, es sollten 4 Muffins pro Sorte werden
Backe die Muffins bei etwa 180 Grad für ca 10 Minuten, Die Muffins sollten ein bisschen braun oben sein.

Die Muffins halten sich im Kühlschrank 3 bis 4 Tage und lassen sich gut einfrieren

Müsli

Für ein ausgewogenes Müsli schneidest du einfach verschiedene Obstsorten klein oder mischst ein paar
Beeren.

Dazu ein paar Löffel Naturjoghurt, ein paar Haferflocken, gepufften Quinoa oder Amaranth, Kokosmus, Mandel- oder Cashewmus und alles miteinander verrühren.

Statt Obst kannst du auch mal Obstmus unter den Joghurt rühren.

Porridge

Schon ein einfaches Porridge kannst du in unendlichen Variationen zubereiten und keine dauert länger als 10 Minuten.

Grundrezept:

Etwa 5 EL Haferflocken in doppelt soviel Wasser aufkochen und für 2 bis 3 Minuten zugedeckt auf die Seite stellen. Dann ein Stück Butter und einen Schluck Milch oder Sahne unterrühren bis die gewünschte Konsistenz erreicht ist.

Variationen:

Das Porridge kann auch gesüßt werden. Dafür die Süße direkt ins Wasser geben. Hierfür eignen sich z.B. pürierte Datteln.

Zimt und Vanille im Porridge sind sehr lecker.

Du kannst direkt eine halbe Banane im Porridge zerdrücken (dann am besten nicht zusätzlich süßen).

Früchte und Beeren dazu servieren.

Ab einem Jahr kann das Porridge mit Honig oder Ahornsirup übergossen werden.

Klein gehackte oder gemahlene Nüsse als Topping (weiche Nüsse wie Walnüsse oder Paranüsse eignen sich sehr gut).

Nussmus unterrühren.

Die Hälfte der Haferflocken durch gemahlene Mandeln oder Haselnüsse ersetzen.

Statt Haferflocken kannst du auch Dinkelflocken oder 5- Korn Flocken nehmen, die sind nussiger.

Auch aus Amaranth, Quinoa oder Buchweizen kann man Porridge kochen. Allerdings handelt es sich hier um Pseudogetreide, dass die Nährstoffaufnahme hemmt. Daher bitte nur selten oder in geringen Mengen verwenden.

Du kannst Joghurt unter das Porridge rühren.

Egg in a hole

Dazu nimmst du einfach eine Scheibe Brot und stichst mit einem großen Keksausstecher ein Loch (Herz, Stern,...) aus. Das Brot brätst du dann in etwas Butter auf einer Seite knusprig, drehst es um und gibst ein Ei in das Loch und brätst es auf der Seite weiter, bis das Ei fertig ist. Mit Pfeffer würzen und auf einen Teller geben.

Dazu kannst du in Streifen geschnittene Paprika und Gurke, sowie ab einem Jahr in Achtel geschnittenen Apfel servieren (unter einem Jahr den Apfel leicht andünsten)

Pfannkuchen

Zutaten

3 Eier
1 Tasse Milch
etwas Vanille
soviel Mehl, dass du einen dünnen Pfannkuchenteig hast.
Alles in etwas Butter oder Olivenöl zu dünnen Pfannkuchen ausbacken.

Bei der Menge reicht es locker zum 2 Mal frühstücken.
Am besten nimmst du mittleres Dinkelmehl.

1 bis 2 EL Haferkleie bringen zusätzliche Ballaststoffe in den Pfannkuchen

Püriertes Obst eignet sich gut als Aufstrich.

Wenn du da noch Chiasamen reingibst und über Nacht in den
Kühlschrank stellst, hast du eine
leckere, zuckerfreie, selbst gemachte Marmelade.

Wenn du die Vanille weglässt, kannst du auch Schinken und Käse oder
Tomaten und Mozzarella auf den Pfannkuchen geben.

Kleingeschnittenes Gemüse (roh oder gegart) und Joghurt ist auch eine
leckere deftige Alternative.

Klein geraspelte Karotten oder Zucchini im Teig schmecken in der süßen
Variante genauso gut wie in der deftigen.

Mit mehr Mehl kannst du den Teig auch in einem Waffeleisen ausbacken.
Dazu Joghurt mit Apfelmark
oder zerdrückte Banane zum Dippen geben.

Joghurtbrötchen

150 ml sehr warmes Wasser mit 150 ml Milch mischen und einen halben
Würfel frische Hefe mit 1 TL Zucker darin auflösen.
600G Dinkelmehl mit Hefemischung und 150g Joghurt
mit Knethaken zu einem glatten Teig kneten. Der Teig ist sehr feucht,
daher am besten mit 2 nassen Löffeln die Brötchen
formen,
auf ein Backblech setzten und bei 160 Grad Umluft (180 E Herd) ca 20
min backen.

Eiermuffins

Für 2 Muffins ein Ei trennen und das Eiweiß steif schlagen.
Das Eigelb
mit 2 EL gewürfeltem Schinken,
1 EL Mehl,
einer gehackten Frühlingszwiebel,
2 EL Sahne,
Petersilie
und einer Prise
Backpulver verrühren
und mit Salz, Pfeffer und Paprikapulver würzen.
Den Eischnee unterheben und das Ganze in Muffinförmchen füllen.
Bei 160 Grad Umluft ca 7 Minuten backen. Kann auch ohne
Schinken zubereitet werden.

Kochen

Stir Fry

Dieses Gericht ist super genial, weil es nur ein paar Minuten dauert und du alles dafür verwenden kannst, was du gerade zu Hause hast.
Einfach Gemüse in beliebiger Menge in mundgerechte Stücke schneiden und in Olivenöl oder Sesamöl anbraten bis es die gewünschte Konsistenz erreicht hat.
Mit einer Mischung aus Sojasoße,
thailändischer Austernsoße und Pflaumensoße (je ca ein EL) übergießen (du kannst aber auch einfach Kräuter, Sahne oder alles andere nehmen, was euch schmeckt und nochmal
kurz in der Pfanne schwenken.
Auch dünne Hähnchen- oder Rindfleischstreifen und Tofu passen gut dazu.

Dazu kannst du Reis oder Nudeln servieren oder auch einfach so anbieten.

Pasta mit Tomatensoße

Ich glaube, es gibt kein Rezept, das schneller geht.
Koche Nudeln. Dann gibst du entweder eine Dose gehackte Tomaten
oder 5 bis 8 frische klein gewürfelte Tomaten mit etwas Olivenöl und
einer gehackten Zwiebel in einen Topf, würzt das ganze mit Pfeffer,
Knoblauch und Kräutern und lässt alles eine Weile kochen. Eigentlich ist
das Essen jetzt schon fertig.

Du kannst die Soße so lassen oder, wenn du magst, pürieren.
Du kannst pürierte Zucchini oder sehr klein geraspelte Karotten
mitkochen.
Du kannst die Nudeln auch in eine Auflaufform geben, etwas Mozzarella
dazwischen,
die Soße darüber schütten und mit Parmesan überbacken.

Blumenkohl"Wings"

Zutaten

1 großer Blumenkohl
100 g Kichererbsenmehl
180 ml ungesüßte Pflanzenmilch oder Kuhmilch
60 ml Wasser
2 TL Knoblauchpulver
1 1/2 TL edelsüßes Paprikapulver
Salz
Pfeffer
70 g Pankomehl
extra dick eingekochte Tomatensoße aus dem Rezept oben
2 zwei Frühlingszwiebeln

Heize den Ofen auf 180 °C vor.

In einer großen Schüssel das Mehl, die Pflanzenmilch, das Wasser, das Knoblauchpulver, das Paprikapulver, Salz und Pfeffer vermischen.

Den Blumenkohl in mundgerechte Röschen teilen/schneiden. Die Blumenkohlröschen in die Mehl-Mischung tunken, sodass sie komplett bedeckt sind.

Die Blumenkohl Wings schmecken auch super, wenn man sie vor dem Backen noch zusätzlich in Pankomehl wendet. Pankomehl ist ein aus der japanischen Küche stammendes Paniermehl, das richtig schön knusprig wird.

Ein Backblech mit Backpapier auslegen und die Blumenkohlröschen gleichmäßig darauf verteilen. Nicht aufeinander legen.

25 Minuten backen.

Den Blumenkohl nach 25 Minuten aus dem Backofen holen und in die Tomatensoße tunken oder alternativ die Blumenkohlröschen damit gleichmäßig bestreichen.

Erneut für 25 Minuten backen.

Die Frühlingszwiebeln in Ringe schneiden und über den veganen Chicken Wings aus Blumenkohl verteilen. Mit der veganen Aioli servieren.

Suppen

Suppen sind perfekt um Reste zu verwerten. Du kannst einfach alles an Gemüse, was du hast klein schneiden und in Salzwasser weich kochen. Wenn das Gemüse weich ist, nimmst du soviel Wasser weg wie möglich (aber noch aufheben) und pürierst das Gemüse, dabei gibst du immer wieder etwas von dem Kochwasser dazu, bis die gewünschte Konsistenz erreicht ist.

Du kannst Kartoffeln mitkochen oder du tust am Ende kleine gekochte Nudeln oder Reis mit in die Suppe, etwas Schmand obendrauf, oder ein Schluck Sahne in die Suppe. Ein paar Brotstücken in Butter knusprig braten und dazu geben und auch hier hast du in 15 Minuten ein vollwertiges Essen mit allen Nährstoffen, die ein Kind braucht.

Wedges / Kartoffelecken

Hierfür schneidest du Kartoffeln (am besten mehlig kochende) in Achtel und dann nochmal in die Hälfte. Kartoffeln in eine Dose geben. Mit Salz, Pfeffer, Paprika, Knoblauch und Kräutern würzen und mit Olivenöl übergießen. Deckel drauf, durchschütteln und ein paar Minuten ziehen lassen.
Danach im Ofen knusprig backen.
Auf die gleiche Art kannst du sämtliches Gemüse im Ofen garen.

Zucchinipizza

Aus 200g Mehl,
einer Prise Salz.
einem TL Zucker,
ca 5 Gramm Hefe,
3 EL Olivenöl
und Wasser
einen glatten Hefeteig kneten und eine halbe Stunde gehen lassen.
In der Zwischenzeit
1 große Zucchini und
1/2 Zwiebel in dünne Scheiben schneiden und beides zusammen in
Olivenöl anbraten.
Dann würzt du das ganze mit Salz, Pfeffer, Majoran und Oregano uns
lässt es noch ein paar Minuten ziehen.
Teig auf die Größe eines Backblechs ausrollen und ihn mit der
Zucchinimischung belegen.
Pizza nochmal 15 Minuten gehen lassen. Danach könnt ihr die Pizza bei ca
250 Grad Unterhitze ca
5 Minuten backen.

Kartoffel-Gemüse-Gratin

Zutaten

ca 1 kg Kartoffeln,
400g Champignons,
1 große Zucchini,
2-3 große Tomaten,
1 Brokkolikopf
250ml Sahne,
etwas Käse
Paprikapulver, Pfeffer, getrocknete Kräuter und nach Belieben etwas Salz
zum würzen

Die Kartoffeln, Zucchini und Champignons in dünne Scheiben schneiden
und abwechselnd in eine Auflaufform schichten. Am besten ist es, wenn
ihr mit einer Schicht Kartoffeln abschließt. Die Tomaten in Würfel
schneiden und mit den Brokkoliröschen auf dem Gratin verteilen.
Anschließend die Sahne würzen und über das Gemüse schütten, nach
Belieben noch etwas Käse darauf
verteilen und bei 160 Grad ca 45 min backen.

Brokkoli-Hähnchennuggets

160g Brokkoli etwas vorgaren, kleinschneiden und mit 130g Semmelbrösel
und etwa 150g geriebenen Käse mischen. 130G Hähnchenbrust oder
Keule in sehr kleine Stücke schneiden und darunter mischen. 5 EL Wasser
und 2 TL Backpulver dazu und nach Belieben würzen. Alles mit den
Händen gut vermischen, die Masse sollte gut zusammenkleben, dann
kleine Nuggets formen und entweder bei 175
Grad im Ofen backen bis sie braun sind (ca 30 Minuten) oder in einer
Pfanne rausbacken.

Spaghetti mit Avocadopesto

2 Avocados
mit ½ Tasse frischem Basilikum,
2 Zehen Knoblauch,
½ Tasse Pinienkerne,
½ geriebenen Parmesan,
etwas Limetten- oder Zitronensaft,
Salz
und etwa 1/3 Tasse Olivenöl
pürieren. Spaghetti
kochen und mit Avocadopesto und halbierten Kirschtomaten servieren.

Backen

Kürbismuffins

Zutaten

ca 400g Kürbis z.B. Butternut,
200g Softdatteln,
3 gehäufte EL Kokosöl oder Butter,
1 Ei oder 1 EL gemahlene Leinsamen in Wasser geliert.
200g Dinkelmehl,
1 TL Backpulver,
eine Prise Salz

Den Kürbis in Würfel schneiden und im Wasser weich kochen, In der Zwischenzeit die Datteln in etwas heißem Wasser einweichen. Datteln zusammen mit dem Kürbis pürieren, Kokosöl oder Butter schmelzen und hinzugeben, Leinsamengel oder Ei ebenfalls dazu und alles nochmal durchpürieren. Mehl mit Backpulver und Salz mischen und nach und nach über die Kürbismasse sieben und mit einer Gabel nur kurz einrühren. Auf Muffinförmchen verteilen und bei 180 Grad ca 30 min backen.

Apfelmuffins

Zutaten

150g Dinkelmehl,
1 Päckchen Backpulver,
ca 15 Datteln (ich nutze nur Softdatteln),
100g Stärkemehl (Kartoffelstärke),
3 große Äpfel,
ca 3 EL Haferflocken,
400g griechischer Joghurt (10%),
2 Eier

Datteln in etwas heißem Wasser ca 10 min einweichen (nur so viel, dass sie gerade so bedeckt sind)
Anschließens mit einem Stabmixer pürieren. Mehl mit Stärke, Backpulver und Haferflocken mischen.
Die pürierten Datteln mit dem Joghurt und den Eiern gut vermengen, trockene Zutaten nach und nach
dazu geben und zügig mit einem Schneebesen unterrühren. Äpfel grob reiben und unterheben.
Teig auf Muffinförmchen verteilen und bei 180 Grad ca 30 min backen.
Wenn sie schön braun sind,
sind sie fertig! Nicht täuschen lassen, beim Stäbchentest bleibt durch die vielen Äpfel immer was kleben..

Apfel- Karotten Dinkelstangen

Zutaten

3 Bananen
3 Karotten
½ Apfel
125 g weiche Butter
500 g Dinkelmehl

Zuerst Karotten und den Apfel fein reiben. Anschließend zerdrückst du die Bananen und gibst sie zur Apfel-Karotten-Masse und verknetest alles mit dem Dinkelmehl und der Butter zu einem geschmeidigen Teig. Dann formst du aus dem Teig kleine Dinkelstangen und legst sie auf ein mit Backpapier belegtes Backblech. Wenn der Teig zu matschig ist, gib einfach noch etwas Mehl hinzu. Schließlich geht es für die Dinkelstangen bei 200°C für 30 Minuten in den vorgeheizten Backofen.

Buchweizen- Dinkelstangen

Zutaten

50 g Buchweizen
100 g Dinkelmehl
100 g Obst, z.B. Banane oder Birne
25 g Pflanzenöl
Mark einer Vanilleschote

Backofen auf 180 Grad Ober/Unterhitze vorheizen. Buchweizen fein mahlen oder gleich Buchweizenmehl nehmen. Restliche Zutaten hinzufügen und zu einem glatten Teig kneten. Mit bemehlten Händen kleine Stangen Formen, ist der Teig zu weich, noch etwas Mehl einkneten. Stangen auf ein mit Backpapier belegtes Backblech legen und 20 bis 25 Minuten backen.

Süßkartoffel- Dinkelstangen

Zutaten

200 g Süßkartoffel
200 g Dinkelvollkornmehl
50 ml Pflanzenöl
1 EL Apfelmark

Backrohr auf 180°C (Ober-/Unterhitze) vorheizen. Süßkartoffel schälen und in 3-4 cm große Stücke schneiden. Dünsteinsatz in einen Topf legen, Wasser bis gerade unter die Löcher füllen, Süßkartoffeln hineinlegen und Deckel auflegen. Süßkartoffeln ca. 10 – 15 Minuten dünsten, bis sich schön weich sind und sich leicht mit einer Gabel zerdrücken lassen. Zur Probe einfach ein Stück herausnehmen. Süßkartoffeln in einer Schüssel mit einer Gabel zerdrücken, sodass kaum noch Klümpchen übrig sind.
Man kann sie auch durch die Kartoffelpresse drücken. Mit Mehl, Öl und Apfelmark vermischen und zu einem Teig verkneten. Teig zu kleinen Stangen formen. Süßkartoffel-Dinkelstangen auf ein mit Backpapier ausgelegtes Backblech legen und bei 180°C (Ober-/Unterhitze) ca. 20 Minuten backen, bis sie goldbraun sind.

Apfel-Karotten Kuchen

100g Karotten und 100g Apfel sehr fein raspeln und 1 Banane pürieren. 1 Ei mit 80g Joghurt (am besten griechischen mit 10% Fett) mischen und 40g Kokosöl oder 60g geschmolzene Butter unterrühren. 2TL Ceylon-Zimt, Prise Salz,130g Mehl und 1 TL Backpulver mischen und kurz aber gründlich unter die Eiermischung rühren. Zum Schluss das geraspelte und pürierte Obst und 1 TL Zitronensaft unterrühren. Teig in eine Springform oder Muffinförmchen füllen und bei 160 Grad Umluft ca. 40 Minuten backen..

Snacks

Gemüsewaffeln

Die Waffeln kannst du vorbacken und einfrieren. Wenn du dann eine brauchst, kannst du sie einfach in
den Toaster stecken.
Du vermischst 200g Dinkelmehl, 1 TL Backpulver, Paprikapulver, Pfeffer und Kräuter nach Belieben miteinander. Dann gibst du ca. 130g Butter (sehr weich oder geschmolzen), 1 Ei, ein großes Glas Milch und ca. 50ml gehackte Tomaten (oder etwas mehr Milch) dazu und rührst alles gut durch. Nun kannst du die Geschmackszutaten rein machen, je nachdem worauf du Lust hast oder was gerade da ist:
Geraspeltes oder sehr klein geschnittenes Gemüse (einfach so viel, dass es ein guter Teig bleibt), eine Hand voll Käse, klein geschnittene Wurst,...
Das ganze bäckst du dann in einem gut gefetteten Waffeleisen aus. (ca. 2EL pro Waffel)

Gemüse mit Dip

Hierfür kannst du jedes Gemüse, dass man roh essen kann in handliche Stangen schneiden. Einen Dip kannst du z. B. aus Joghurt oder Mayonnaise machen. Gib einfach etwas Zitronensaft, gehackten Knoblauch, Schnittlauch und Salz dazu und schon hast du einen leckeren Dip. Oder du mischst Quark mit frischen Kräutern.

Gemüsestäbchen

4 Kartoffeln roh pürieren und mit Gemüse mischen (z.B. Mais, Erbsen, Karotten in Scheiben, auch eine TK Gemüsemischung geht), 2 Eier, Salz, Pfeffer, geriebener Käse, Petersilie ,ein paar zarte Haferflocken und Paniermehl zum Binden dazu gegeben, kurz ziehen lassen. Stäbchen wie Fischstäbchen formen und vorsichtig in Paniermehl wälzen und anbraten

Gemüsepuffer

2 Tassen geraspelte Zucchini salzen und zur Seite stellen. 2 Tassen geraspelte Karotten, 2 gehackte Knoblauchzehen, 2/3 Tasse Dinkelmehl, 2 Eier, 1/3 Tasse gehackte Lauchzwiebeln, Salz und Pfeffer mischen. Die Zucchini ausdrücken und dazu mischen, Kleine flache Küchlein formen und in Olivenöl
knusprig ausbraten.

Panierte Avocado

Eine noch nicht ganz reife Avocado schälen, halbieren, Kern entfernen und in ca 0,5cm dicke Scheiben schneiden. In Kokosöl tränken und in Kokosraspeln wälzen. Entweder in Kokosöl ausbacken oder von beiden Seiten mit Kokosöl einschmieren und im Ofen backen. Fertige Avocado leicht Salzen.
Dazu passt ein Dip aus Mayonnaise, Knoblauch und Zitronensaft.

Kichererbsenküchlein

1 Dose Kichererbsen in einem Sieb abtropfen lassen und anschließend pürieren. 2 große Karotten raspeln, ca 20g frische Petersilie hacken und 150g Feta zerkrümeln. Alles miteinander gut vermischen und dann 2 Eier, 50g Mehl, 1 TL Backpulver, Salz und Pfeffer unterrühren. Kleine Küchlein formen und in Olivenöl knusprig rausbacken.

Süßes

Fruchtriegel

Du brauchst ca. 200g Obst, mindestens die Hälfte sollte Trockenobst wie Datteln, Aprikosen, Äpfel, Feigen,... sein. Je größer der Anteil an frischem Obst, desto schneller müssen sie gegessen werden. Riegel nur aus Trockenobst halten sich mehrere Wochen.
Ich nehme als Frischobst gerne Orangen oder Mango. Zimt passt gut dazu, wenn du magst. Dazu kommen ca. 5 TL Haferflocken, 1TL Haferkleie und nach Belieben gemahlene Nüsse, Leinsamen, Chiasamen, Kokosflocken,... So viel bis es eine feste aber streichfähige Masse ergibt.
Das ganze streichst du nun auf Oblaten und bedeckst es nochmal mit einer. Nun solltest du die Masse noch mit einer schweren Auflaufform oder ähnlichen beschweren. So ist die Masse sehr weich, du kannst das ganze noch ein paar Stunden bei 100 Grad im Ofen trocken lasen, dann wird es fester. Ich persönlich mag es weich lieber

Avocadopudding

schnell und einfach:
Eine Avocado mit einer Banane pürieren und etwas Backkakao rein rühren. Sehr lecker.

Etwas mehr Aufwand:
Dazu ca. 100g Softdatteln in etwas heißem Wasser einweichen das Fruchtfleisch von 3 kleinen Avocados, ca. 150 ml Hafermilch, 3 EL Backkakao und je nachdem wie süß ihr es wollt bis zu 3 EL Reissirup dazu geben und alles schön cremig pürieren.

Fruchtleder

500g Obst nach Wahl (eine Sorte oder gemischt, Spinat und rote Beete kann man auch gut unter das Obst mischen) pürieren, auf Wunsch 1-2 EL Joghurt oder Nussmus untermischen. Sehr dünn auf eine mit Backpapier belegtes Backblech streichen und bei 80 Grad 4 bis 8 Stunden (je nach Wassergehalt der Früchte) trocknen. Wenn es schön trocken, ledrig ist vom Backpapier abtrennen, in ca 3 cm breite Streifen schneiden und einrollen

Haftungsausschluss und
Urheberrechte

Die Inhalte des Buches basieren auf meinen qualifizierten
Ausbildungen und evidenzbasierten Studien. Trotz größter Sorgfalt kann
kein Gewähr für Richtigkeit und Vollständigkeit der Informationen
übernommen werden. Die hier dargestellten Inhalte dienen
ausschließlich der neutralen Information und allgemeinen Weiterbildung..
Nina Abel, nina-abel.de und Autoren übernehmen keine
Haftung für Unannehmlichkeiten oder Schäden, die sich aus der
Anwendung der hier dargestellten Informationen ergeben

Kein Teil der Informationen in diesem Buch darf ohne vorherige
schriftliche Zustimmung des Urhebers ganz oder teilweise in
irgendeiner Form reproduziert, übertragen, erneut veröffentlicht
oder kopiert werden.